39

DAS ANDERE

**MUDAR
DE IDEIA**

DAS ANDERE

Aixa de la Cruz
Mudar de ideia
Cambiar de idea

© Editora Âyiné, 2022
© Aixa de la Cruz, 2019
Publicado por acordo especial com
The Ella Literary Agency e Villas-Boas Agência Literária
Todos os direitos reservados
Tradução: Letícia Mei
Preparação: Tamara Sender
Revisão: Fernanda Alvares, Giovani T. Kurz
Ilustração de capa: Julia Geiser
Projeto gráfico: Luísa Rabello
Produção gráfica: Clarice G Lacerda
ISBN 978-65-5998-017-8

Âyiné

Direção editorial: Pedro Fonseca
Coordenação editorial: Luísa Rabello
Coordenação de comunicação: Clara Dias
Assistente de comunicação: Ana Carolina Romero
Assitente de design: Rita Davis, Lila Bittencourt
Conselho editorial: Simone Cristoforetti,
Zuane Fabbris, Lucas Mendes

Praça Carlos Chagas, 49 — 2º andar
30170-140 Belo Horizonte, MG
+55 31 3291-4164
www.ayine.com.br
info@ayine.com.br

Aixa de la Cruz

MUDAR DE IDEIA

TRADUÇÃO
Letícia Mei

Âyiné

*Para Anabel, para Ainhoa, para Maritxu e para Arrate.
Por mim e por todas as minhas companheiras.*

Nada pode ser tão ruim
como o que fizemos e que nunca recordamos,
como o que nos fizeram e que nunca perdoamos.

Mala Rodríguez, trecho da canção *Lluvia* [Chuva]

SUMÁRIO

Acidente   13
Meu problema com as mulheres   31
Tremor   47
Justiça poética   59
Crônica sevilhana   71
Mudar de ideia   85

ACIDENTE

É julho de 2017. Iván e eu perambulamos de cidade em cidade, pois o apartamento que meu avô me empresta na baixa temporada está alugado. Minhas férias são um despejo disfarçado. Passaremos esta noite em Madri com June, na sua casa com vista para o Palácio Real, que todos os sábados à noite se transforma num *after* para escritores e políticos de esquerda. Agora há funcionários públicos entre nossas fileiras e eles precisam drogar-se em particular. Só deixam de atuar, de ser institucionais, representantes do povo, quando acessam a intimidade de uma sala com poucos móveis e muitas estantes de romances *literários*. Enchemos a cara sem parar para falarmos sem parar, e, enquanto o fazemos, sempre tem alguém que diz ao outro: você deveria escrever sobre isto, sobre a sua experiência com os ônibus, por exemplo, sobre aquela vez em Córdoba, aos dezoito anos, quando embarcou sozinha em um que jamais chegou ao destino porque a sua vizinha de assento começou a apertar a sua mão, gritando estou sufocando, estou sufocando, estou tendo um infarto, e embora fosse evidente que estava tendo um ataque de ansiedade, você avisou o motorista, e ele chamou a ambulância, e, entre uma coisa e outra, quando você finalmente chegou ao bairro periférico ao qual se dirigia, o centro de planejamento familiar estava fechado e você teve que abortar no hospital público, que era o que você se recusava a fazer por temores que não se mostraram infundados: você foi atendida por uma ginecologista cujo consultório era decorado com gravuras da Virgem do Rocio e que te obrigou a preencher um questionário que você achou humilhante e que não te dirigiu um único sorriso. E depois, aos dezenove anos você foi morar em Oviedo com um mexicano ilegal que te pediu em casamento e na véspera da cerimônia, a caminho da rodoviária, você teve que parar nos Correios para postar uma solicitação de bolsa de estudos e pediu a ele que fosse na frente, que te esperasse na plataforma, e a fila dos Correios estava imensa, você entregou o envelope e saiu correndo, mas, apesar da corrida, o ônibus partiu para Bilbao sem você e com seu futuro marido dentro, e aquele casamento fracassou, mas a bolsa você conseguiu, e graças a ela escreveu um romance que você ainda acha decente.

June diz que essas histórias contêm o substrato de uma boa história. June grita que só escrevem autoficção os senhores chatos e solenes e as senhoras judias. Que Vivian Gornick não faz a mínima ideia do que seja uma mãe difícil. Que, considerando o fracasso alcançado, talvez já seja hora de leiloar as nossas vísceras. Em pleno apogeu etílico, todo mundo fala do tanto que quer escrever, mas ninguém escreve. Surgem outros planos. Me oferecem cocaína, por exemplo, e minha atenção se dispersa. Faço um monólogo diante de um funcionário do Podemos.[1] Critico o fato de seu partido não

---

1   Partido político espanhol fundado em 2014 a partir do manifesto «*Mover ficha: convertir la indignación en cambio político*» [Mover os peões: transformar a indignação em mudança política], assinado por intelectuais e por ativistas espanhóis que defendiam uma posição de esquerda em

ACIDENTE

estar capitalizando os resultados obtidos em Euskadi.[2] Me sinto uma autoridade no assunto até confessar que nunca votei neles, e dou risada. Tem uma menina que está sob o efeito de MDMA[3] pela primeira vez e que gosta do tecido da minha blusa. Ela gosta dos letreiros luminosos que se veem da janela, as cócegas de um rastro de suor que atravessa a sua nuca, as imagens ralentadas, como se o projetor do cinema tivesse travado. Fico com inveja e quero estar em seu corpo, então engulo uma pedrinha de cristal, embora as drogas já não sejam o que eram antes. Me arrependo agora da ressaca de amanhã. Tudo se desgasta com o uso.

Acordo na cama de convidados com o sistema de recompensas do cérebro à revelia. Minhas mandíbulas doem e tenho escoriações na língua. Para entender a depressão clínica, basta imaginar uma pessoa para quem todas as manhãs da vida sejam como esta. Escuto as vozes de Iván e de June na sala, mas não estou preparada para estar na companhia de ninguém. Estendo a mão até o celular e começo a conferir as mensagens não lidas, o que é uma forma de se reincorporar ao mundo pouco a pouco. Depois de responder à minha mãe e de ignorar os que continuaram a festa até o meio-dia, chego a um áudio da minha amiga Zuriñe que ignoro há vários dias.

Oi, Aixa, parece ridículo te contar isto pelo WhatsApp, mas pensei que seria pior se ficasse sabendo por aí... No dia 26 de junho sofri um acidente muito grave, bati num caminhão

---

relação às políticas da União Europeia para a crise econômica. [Todas as notas são da tradutora]
2   Nome basco da Comunidade autônoma basca ou País Basco.
3   Abreviação de «midoanfetamina», substância psicotrópica popularmente conhecida como ecstasy.

quando ia para o trabalho e... sei lá, é como se tudo tivesse sido um sonho, porque não perdi a consciência, e olha que os bombeiros demoraram uma hora e meia para me tirar das ferragens, mas me lembro como se não tivesse acontecido de verdade... Meu namorado diz que sou tão obcecada por controle que não consegui me deixar levar nem assim... E... então, estou com todos os ossos quebrados, o quadril despedaçado em mil lugares, mas são só isso, ossos, e todo mundo fica repetindo que é um milagre que eu esteja aqui para contar. Sei lá... Tudo isso é muito louco. No *El Correo*[4] saiu uma nota sobre o acidente e tinha fotos de como o carro ficou, e minha mãe começou a receber ligações de gente que me dava por morta, mas não vai começar a procurar essas fotos agora, hein? Que eu te conheço e você é mórbida. Enfim, era só para você saber e não se assustar. Ainda não quero receber visitas, mas quando eu estiver melhor, te peço para vir me ver, está bem? Para me contar sobre o seu verão e a sua vida interessante e me ajudar a rir um pouco. Mas, por enquanto, fica tranquila, por favor. Já está tudo bem.

A primeira coisa que faço é procurar as fotos, obviamente. O carro parece uma joaninha com as asas estendidas; o motor exposto e, de cada lado, um flanco da carroceria vermelha apontando para o céu. De Zuriñe só se veem o soro que o bombeiro segura no alto e as manchas de sangue na porta do motorista. Fico quietinha esperando uma resposta emocional que não vem e sei que isso já me aconteceu antes, nesta mesma cidade, quando eu morava com meu ex-namorado numa pequena cobertura em Malasaña.[5] Hoje é

---

4 Jornal basco espanhol, editado em Bilbao, que circula sobretudo na comunidade basca.
5 Bairro estudantil no centro de Madri.

meio-dia e da outra vez era meia-noite. Tínhamos bebido com um escritor que estava de passagem e eu voltava para casa arrasada, esmagada por aquele futuro talento da nossa geração. Parei na máquina de vendas da esquina para comprar um sanduíche de atum e, sem tirar o casaco nem os sapatos, me sentei à mesa e comecei a mastigar. Com a mão que estava livre, desbloqueei o celular e soube na hora que alguma coisa tinha acontecido porque havia quatorze chamadas não atendidas de Muriel e de Javitxu, e centenas de mensagens de WhatsApp do grupo da minha galera de Bilbao. Tinham encontrado Gari morto. Juan estava na minha frente e notou que algo tinha acontecido. Contei para ele. Encontraram Gari morto. E então peguei meu sanduíche e joguei no lixo, porque supostamente essas coisas tiram a fome e era inconcebível que eu quisesse continuar comendo. Mas eu estava com uma fome... Se tivessem escaneado o meu cérebro teriam descoberto que o único centro emocional ativo era este, o da fome. Me tranquei no banheiro para chorar, para me forçar a chorar, mas não saiu nada. Pelo menos, pensei, Juan vai achar que estou chorando.

Escuto o áudio de novo. Me custa identificar esta voz que desliza na ponta dos pés, porque não é a voz da campeã de pebolim que dissolvia as brigas no grito, nem da tradutora simultânea, mas de uma adolescente assustada que nunca conheci. Ou será que não reconheço Zuriñe porque faz quase um ano que não nos vemos? Faz quase um ano que não vejo quase ninguém. A redação da minha tese me manteve reclusa de janeiro a junho, dez horas por dia em minha bolha em frente à praia no inverno, com o telefone desligado, o cabelo sujo e uma alimentação paupérrima à base de atum em lata que transformou meus seios em dois saquinhos de pele com mamilos; seis meses de isenção de cuidados por fora e por dentro. Sonhava com a data de entrega da minha tese, com as férias, com a retomada do contato com seres humanos afins, mas eu não soube voltar. Continuo desnutrida, indiferente, sem nenhuma obrigação e sempre ocupada demais para ficar com a minha mãe ou para responder a uma maldita mensagem de WhatsApp. Conta nos dedos. Dez dias. Você demorou dez dias para se dignar a escutar Zuriñe, que se lembrou de você assim que voltou à consciência.

A autocompaixão me atinge com muito mais força do que as imagens sensacionalistas, pior do que o sangue e a carroceria destruída, e chegam as reações somáticas que eu buscava. Chorando, irrompo na sala onde minha performance de culpa terá seu público. Declamo entre soluços: o que ela vai pensar de mim? O que se pensa de alguém que demora dez dias para responder à notícia de que você quase morreu? Porque você desativou a confirmação de leitura, portanto ela não podia saber se você tinha aberto a mensagem ou não, se era só uma filha da puta ou uma grande filha da puta.

Iván e June me observam atônitos sentados no sofá. A surpresa apaga seus sinais de ressaca. Deixam de ser belos cadáveres, com as linhas de expressão difusas pela sobrecarga de serotonina, e fazem caretas, ativam seus músculos faciais e suas rugas de quase-quarentões para processar minhas manhas de quase trinta. Melhor não lhes confessar que ultimamente ligo muito para as rugas, sobretudo para as minhas, para as que imagino ter. De manhã, no espelho com minilâmpadas da penteadeira, me olho e me vejo arrasada. Uma das minhas neuroses recorrentes é que vou envelhecer cedo e mal por culpa dos meus excessos. Fico obcecada com os poros dilatados e com as linhas de expressão porque são o indício de que a festa deixará marcas. Que a festa já acabou, eu entendo agora. Que as pessoas se acidentam e sofrem e morrem, parece que também, e isso porque os sinais me rondavam havia algum tempo, desde que a minha tia adoeceu de câncer e que Gari engoliu um papelote de 5 gramas de cocaína e que Jaime deixou de sair à noite porque as luzes das discotecas se transformavam em espectros com forma de serpente. Coisas que acontecem. Material para aquele romance de autoficção que não devemos ao mundo. Iván me tira do drama unipessoal que minhas ruminações protagonizavam e me traz de volta ao presente: mas Zuriñe está bem? O que significa: ela vai sair dessa? E June, sempre tão empática com os deslizes alheios, me ataca: e você só se importa com o que vão pensar de você? Tento olhar para ela com ódio, mas não consigo, então abaixo a cabeça e levo o golpe. No fundo ela tem razão. Neste relato a única dor que existe é a minha. Zuriñe é simbólica. Seu corpo se quebrou, mas seu corpo não está aqui para nos confrontar. Dependo de um carro que virou sucata e que nunca a vi dirigir, e de um relato oral que tampouco funciona, pois a dor física impugna a linguagem, destrói o mundo, como diz Elaine Scarry. Eu precisaria ver as suas feridas, ou alguma ferida à altura, mas nesta sala só temos tatuagens e cicatrizes. Com a ponta dos dedos repasso os contornos do meu grande acidente, minúsculo em comparação com o da minha amiga e, mesmo assim, a única experiência que nunca volta à minha memória, talvez porque perdurem as marcas. Têm formas caprichosas. Já não são tão escuras como no início — seus contornos desbotaram e começam a cobrir-se de pelos muito finos —, mas continuam revelando cartografias de ficção. A mais extensa parece Madagascar. Acompanham-na, como em um arquipélago, cinco ilhotas de orografia serpenteante. E, embora as zonas mais afetadas tenham sido minhas canelas, conservo rochedos solitários nos antebraços e no peito. Como ficará marcado o corpo de Zuriñe? Terá o rosto decorado com incrustações de cristais?

Busco inspiração no corpo de meus amigos. A sobrancelha esquerda de Iván é dividida por uma sutura muito antiga, de quando sua irmã lhe atirou um garfo como se fosse uma adaga voadora. June tem uma fenda de dez pontos oculta pelos cabelos na zona parietal do crânio, que ela ganhou numa aula de natação contra a borda da piscina. Em Iván ainda se notam os rasgos no antebraço com os quais aprendeu que há cães que não gostam de ter as gengivas acariciadas por crianças. June lembra que em uma excursão do colégio quase matou um coleguinha lançando-o com um empurrão contra as pedras do quebra-mar de Arminza.[6] Exponho minhas extremidades sobre o tapete, mostro-as como se fossem mercadorias à venda, e constato que, apesar dos estragos, sou a única que chegou à adolescência sem pontos de sutura. Minhas primeiras cicatrizes no joelho são de uma artroscopia aos quinze anos. Duas linhas curtas, regulares. Pouco depois da operação, caí das escadas da rua Ronda depois de beber meio litro de *kalimotxo*[7] de um gole só por causa de uma aposta com Javitxu, e aterrissei sobre um poste de amarração. A ponta cravou em mim e a ferida foi tão feia que nunca cicatrizou por completo. Tenho um vazio de carne coberto por dois centímetros de tecido transparente. Não há rastros anteriores a 2003. É como se meu corpo nunca tivesse sido o de uma menina ou não tivesse memória de tê-lo sido. Sou filha dos medos da minha mãe, que afirma que ser mãe é descobrir o medo. Seu lema antes do parto era «O que tiver que ser, será». Sua vida depois do parto foi a de um guarda-costas. Ela me conta que aprendi a andar muito rápido e que me seguia a cada passo, cuidando para que eu não tropeçasse, e que só fracassou uma vez. Estávamos no vilarejo de meus avós, onde o perigo é menos iminente, e alguém tinha quebrado uns vidros na escadaria da igreja. Tropecei e caí sobre eles. Eu me levantei tão tranquila, absorta no sangue que manchava as minhas mãos porque era a primeira vez que eu sangrava, e, então, ela me viu. Deu um grito que paralisou todo o vilarejo e que disparou meu choro. Quanto mais ela gritava,

---

6   Em basco «Armintza», bairro costeiro da cidade de Lemóniz, em Biscaia, no País Basco, Espanha.
7   Em basco no original, bebida basca à base de Coca-Cola e vinho tinto.

ACIDENTE

mais eu chorava. E assim tem sido desde então. Aos dezoito anos entrei na idade adulta com um batismo de óleo fervente enquanto meu pai e ela estavam viajando e me recusei a avisá-los. Ao longo daquelas semanas de ataduras, pomadas de sulfadiazina de prata, comichões e cuidados aprendi quase tudo o que sei sobre a dor. Que acaba sendo mais tolerável quando estamos a sós. Que exige uma concentração absoluta. Que isola o ruído. Que se distrai com mais dor. Isso eu descobri durante o meu primeiro tratamento, no quarto de UTI em que a enfermeira tosca arrancou as bolhas e a pele enegrecida com uma espécie de lixa. Me desfazia em lâminas transparentes que pareciam papel-bíblia, teto texturizado arruinado pela umidade, e foi apenas quando terminou a esfoliação que descobri que haviam colocado um acesso venoso em mim, logo eu que odeio os acessos e esperneio com eles, com o mal que sempre me fazem, mas nem percebi.

O que não aprendi com aquele acidente, aprendi me autolesionando. Nunca fiz cortes nos meus braços, não fui uma adolescente lânguida que infecta as coxas com as lâminas de barbear do pai, mas arranco pedaços da minha mucosa labial, abro sulcos de vários milímetros na parte interna de meus lábios, arranco as cascas de picadas de inseto, peço para me marcarem com o chicote, sem brincadeira, com chagas rubras e em relevo, e treinei até me fazer mal, ou para me fazer mal.

Até me machucar no meu segundo ano do ensino médio — dei um salto errado e ao cair desloquei a rótula, que levou consigo pedaços de músculo e de ligamentos — fiz balé, e no mundo da dança as bolhas infeccionadas dão prestígio. Quando acabavam as aulas, todas as meninas corriam para os vestiários, tirando as sapatilhas de ponta e comparando as marcas de sangue nas ponteiras. Os acidentes eram frequentes e suntuosos. Me lembro de ter visto uma tíbia assomando em meio à carne, e minha própria queda foi espetacular, ouviu-se o deslocamento como um disparo, mais forte do que a música de Tchaikóvski. De vingança, me viciei no tabaco e suspendi a ginástica até a formatura. Depois comecei a correr. Me matriculei numa academia seguindo a moda do *spinning*, mas me entediou logo. Tenho quadríceps supermusculosos que destoam da minha compleição física e posso rodopiar durante horas sem cansar. Correr, ao contrário, era um desafio. Correr doía: dos brônquios aos pés; câimbras, ciática, sobrecargas musculares que me enrijeciam e inchavam os músculos...

Fala-se pouco da dor no esporte. Costumam mencionar o sacrifício, a perseverança, a entrega... Mas a palavra «dor» não está presente no léxico dos comentaristas. Quando Cristiano Ronaldo se mete em banheiras de água com gelo, o que ele sente? Carícias geladas? Dedicação? No mundo da ginástica rítmica focam na flexibilidade das crianças, que devem achar que são de borracha, mas me lembro do que se sente quando esticam seus pés até o alto, com ambas as pernas a 90 graus, para que tenha um *grand jeté* bem amplo, e isso se chama dor. Claro que é uma dor viciante que dilata suas pupilas e potencializa o brilho e os contornos das formas, uma dor que continuei buscando e que foi meu comprimidinho de Viagra durante uma época em que me dissociei até me anestesiar. Duvido que Zuriñe consiga confundir os coices de seus nervos danificados com prazer. Os limites da experiência são os limites da empatia, suponho. Imagino que não posso imaginar ser ela.

Iván me pede para mostrar as fotos do acidente, diz que é para ter uma ideia da gravidade da situação, e as revejo de novo a seu lado. Mais tranquila do que antes, compreendo que essa frieza com que esquadrinho o sofrimento alheio é um músculo que estou treinando há um tempo, o que me permitiu manter a sanidade diante de uma mesa sobre a qual os *post-its* coloridos se misturavam com

ACIDENTE

os abusos dos prisioneiros de Abu Ghraib,[8] e sobre a qual se reproduziam sem parar cenas de tortura, de ficção e de não ficção, interrogatórios de *Homeland* e decapitações do grupo Estado Islâmico, a execução sumária que abre a quinta temporada de *The Walking Dead* e as ameaças em 8 milímetros do cartel de Los Zetas.[9] Me acostumei a dissecar a violência, a fazer anotações sobre enquadramentos e planos porque era a minha obrigação, porque escolhi escrever uma tese sobre representações culturais do terrorismo e não sobre a evolução do soneto petrarquiano. Aguente as consequências. E lembre-se de que em um mês e meio a universidade libertará a sua alma, perderá o disfarce de etologista e recuperará a visão. É o que digo a mim mesma. Que falta pouco para setembro e que houve um tempo em que fui permeável, membrana celular e não barreira hematoencefálica. Que tenho um passado mais nobre com o qual me reencontrar e que me espera no fim do verão, junto com o auxílio-desemprego.

Depois de algumas horas, assim que a ressaca se atenua, nos despedimos de June e passamos a noite em um ônibus com destino a Valência, nossa próxima parada de boas-vindas. Combatemos o tédio e a minha consciência pesada na Amazon, comprando uma dezena de presentes inúteis e com frete grátis que mandamos entregar a Zuriñe no hospital de Basurto. Ela receberá uma almofada com o ícone da bosta sorridente do WhatsApp, uma caneca com o lema «*Shit happens*», um gato de pelúcia, dois livros de poesia da editora La Bella Varsovia e um bambolê que, pelo que me explicou

---

8   O escândalo da prisão de Abu Ghraib envolveu militares do exército americano e agentes da CIA acusados de violação dos direitos humanos contra presos entre 2003 e 2004, durante a Guerra do Iraque.
9   Cartel mexicano conhecido pelos métodos violentos de intimidação dos opositores.

quando finalmente nos vimos, deixou a enfermeira que a ajudava a desembrulhar os pacotes tão indignada que foi direto para o lixo. Eu achava que eles entendiam de humor negro nos hospitais. Devem entender no necrotério. Aqui eles têm de manobrar meus 80 quilos de peso morto a cada manhã. Isso sim é uma piada.

Zuriñe tem o cabelo muito escuro e a pele muito branca, as maçãs do rosto marcadas e sardentas e uns olhos verdes enormes que sempre lhe deram uma aparência de menina da Europa Central, de personagem de *Heidi*.[10] Agora, no seu sorriso faltam três incisivos, e o buraco a infantiliza ainda mais. Eu a imagino com sete anos, mas não com setenta; com dentes de leite mais do que com dentadura.

— Tira isso pra mim.

Retiro a mesinha dobrável que cobre suas pernas e me inclino para lhe dar um beijo com apreensão, porque é um campo minado. Tem as pernas engessadas e os braços no ar. Finalmente vejo suas cicatrizes. Parecem velhas e quase falsas, de traço grosso, daquelas que desenhamos com maquiagem na noite de Halloween: risco, tracinho, tracinho. De pirata.

— Pensei que você não viria.

— Cheguei tarde porque me perdi.

Ela me olha com ceticismo, mas não estou mentindo. Basurto é muito mais do que um hospital, é um vilarejo de casas clonadas, a encarnação arquitetônica dos protocolos médicos. E, além disso, é a primeira vez que venho aqui. Nasci em uma clínica de freiras em Indautxu onde furaram minhas orelhas sem o consentimento materno, e quando queimei as pernas o convênio me transferiu

---

10 Nome de dois romances da escritora suíça Johanna Spyri, publicados em 1880 e 1881, consideradas as narrativas mais famosas da literatura infantojuvenil do país.

para o Cruzes, que tem uma unidade de queimados de referência para onde também mandaram de Burgos meu primo Manuel, com 80% do corpo queimado depois de sofrer um acidente de trabalho na fábrica em que era soldador. Tinha acabado de se casar, e sua mulher se mudou para a casa dos meus avós. Minha mãe e eu a acompanhamos à UTI. Lembro-me de Manu inconsciente e mumificado, em uma caixa de vidro, como a Bela Adormecida. Os familiares podiam falar com ele por meio de um interfone, e, agora que escrevi um romance carcerário e pesquisei sobre o tema, a imagem me remete às visitas cotidianas na prisão, que acontecem assim, com interfone e vidro blindado no meio, e acho que Foucault teria gostado desse paralelismo. Seu pai, que era cirurgião, não lhe incutiu a paixão pela medicina, mas sim o ódio pelos hospitais. Deu-se conta de que o detento e o paciente são a mesma coisa: sujeitos que não se pertencem, corpos dóceis sobre os quais opera o poder por meio de estruturas hierárquicas que os disciplinam. *Vigiar e punir* é um texto que estudei aos vinte anos em uma biblioteca pública e que só compreendo agora, aos 29, escutando o relato de guerra de Zuriñe.

— Vou te contar: minha bacia foi pulverizada. Colocaram uma espécie de corrente de bicicleta em volta do meu quadril que não sabem se vai aguentar, pinos aqui, aqui e aqui, e acabaram de descobrir que meu braço também está quebrado, com um mês de atraso. Ainda não engessaram. Mas o pior foi que em Cruzes, onde me operaram de emergência, fizeram tudo errado e tiveram que repetir a intervenção assim que cheguei a Basurto. Nunca deixe os traumatologistas de Cruzes encostarem a mão em você, são açougueiros atrevidos, desses que quando não sabem fazer algo, em vez de pedir ajuda, se jogam. Tive uma lesão num nervo da perna esquerda, então não vou recuperá-la completamente, mas estou melhor do que diz o eletromiograma porque consigo mexer o pé, mas não os dedos, o que é impossível, teoricamente, mas sou assim, a menina milagre. Ah! E o mais divertido: estou há um mês na morfina. As drogas são fantásticas, mas acontece que os opiáceos paralisam até o intestino, então você fica semanas sem cagar e com obstruções que chegam até o diafragma. Hoje pedi laxantes, para que a história não se repita, mas as enfermeiras não podem me receitar nada sem o consentimento do meu médico, e é feriado, então meu médico não está. Tem que esperar. Estou exercitando muito a minha paciência. Eles têm que me transferir com um guincho da cama para a cadeira de rodas e não tem muito funcionário, então minhas manhãs consistem em esperar que alguém venha limpar minha bunda e me mover. Na semana que vem vão me dar alta e me transferir para o hospital de Gorliz para começar a reabilitação. Se tudo correr bem, daqui a dois meses vou conseguir me levantar e, em quatro, vou começar a andar com muletas. É isso, agora me conta de você.

A coletiva de imprensa começa e termina sem que eu faça nenhuma pergunta. É óbvio que repetiu o solilóquio até cansar e o declama como os candidatos do concurso para juiz recitam leis, de cor e sem respirar. É preciso se livrar dele para poder chegar à etapa em que o visitante anônimo se transforma em alguém com sinais de identidade próprios e não diz o mesmo que o anterior, mas o que posso contar para ela? Sinto suas expectativas cravadas na base do crânio, no ponto onde nascem minhas enxaquecas. Dizer-lhe que o relato de como a trazem e de como a levam, de como a abrem e suturam e abrem de novo, com o consentimento de terceiros porque está inconsciente, me fez entender melhor Foucault é tão inapropriado quanto lhe contar o meu fim de semana. É segunda-feira da Semana Grande[11] e na noite passada me deitei pela

---

11   Semana Grande é a principal festa de Bilbao. Começa no sábado seguinte à festa de Nossa Senhora, que acontece no dia 15 de agosto, e

primeira vez em 48 horas. *Blue monday*. Tomei os restos de *speed* que sobraram para enfrentar essa visita e mal consigo manter a atenção. Embora as substâncias químicas puxem para cima, meu corpo puxa para baixo com mais força.

No sábado houve a queima de fogos e dei um jantar na casa dos meus pais, que estão de férias na Galícia, para retomar uma tradição que remonta à minha adolescência. Como sempre me deixavam sozinha nas festividades, nós as inaugurávamos com uma bebedeira na cozinha que acabava quando o mais intrépido escutava os *pasodobles* da corrida dos touros e assomava na sacada para atirar ovos na praça em frente. Na última, Gari me tirou arrastando-me, mas orgulhoso, de uma briga com os policiais que vigiavam o acesso à Vista Alegre.[12] Foi há seis anos. Tínhamos acabado de nos conhecer. Chegou com uma pedra de cocaína como um punho, com uma caixa de Txakolí[13] e com Carla, única namorada dele que conhecemos. Era uma ex-modelo venezuelana com próteses de seios impecáveis e uma beleza que não se pode descrever sem cair nos lugares-comuns mais vulgares, então vou tentar retratá-la por seus efeitos: cada vez que vejo o freezer dos meus pais, lembro-me dela ao lado e digo a mim mesma: Carla tocou este puxador. Em um plano de três quartos, da cintura para cima, era tolerável ficar diante dela, mas, cada vez que se levantava para apanhar gelo, recomeçavam as arritmias. Uma vez me deixou vê-la nua e tocar seus peitos, mas essa imagem já não existe. Permanece a da pose junto ao congelador laranja, como se estivesse num anúncio de eletrodomésticos.

---

prolonga-se por nove dias.
12   Arena em Bilbao onde acontecem as touradas e corridas de cavalos.
13   Vinho, geralmente branco, típico da região basca.

Esqueci o corpo de Carla, mas não vou esquecer o de Zuriñe. O corpo de Zuriñe é mais corpo do que o corpo de Carla porque os corpos são feitos para se quebrar. É isso que penso quando ela levanta a camisola do hospital que a cobre e me mostra as cicatrizes sérias, as que ainda supuram em cada lado da bacia. Me pede para olhar e eu olho com toda a fúria de que sou capaz, sem a distância do fotógrafo de guerra, sem a dissociação do neurótico ou da galinha que corre decapitada, sem interferências teóricas, sem Laura Mulvey acrescentando que o olhar é poder, com a única vontade de fundir-me à imagem e à carne, às marcas do quadril, aos músculos arroxeados que assomam do gesso, costurados de eczemas e manchas. Memorizo a pele branca e frouxa do ventre, e o púbis raspado do pré-operatório, tão distinto da depilação estética, e quando já não posso mais conter a piscada porque minhas pálpebras doem de cansaço, quando fecho os olhos e ao abri-los vejo novamente a camisola, sei que esta é a primeira vez que uma mulher se despe para mim e vou conservar os detalhes.

Também pressinto, embora ainda não o saiba, que quando retomar minha tese para preparar a defesa abordarei o material de outra forma. As imagens de Abu Ghraib não serão um quebra-cabeça semiótico e finalmente poderei vê-las frente a frente, sem discursos mediados. Onde antes estava Sontag — suas teorias sobre a inspiração pornográfica dos abusos e minhas possíveis réplicas a seus preconceitos de feminista puritana — descobrirei corpos *reais*, e o mesmo acontecerá com os relatos das vítimas, ainda mais reais e revelados apenas pela metade porque nunca temos estômago para o que o poder faz em nosso nome, mas é preciso continuar lendo: que o odor e o estado de Abu Zubaydah, o primeiro detido com relação ao 11 de Setembro, faziam vomitarem os investigadores que entravam para vê-lo, que os soldados trocavam fotos de guerra por inscrições em sites de *hardcore porn*, que muitos homens americanos queriam se masturbar com a imagem de uma moça iraquiana que acabara de perder uma perna e, com ela, sua calcinha. Ainda parece impossível, mas acabarei dando razão a Sontag e encontrando paralelos entre as celas de Guantánamo e nossos quartos heterossexuais; mudarei de lado crítico, regarei meus bonsais com o sangue do meu endométrio, me transformarei numa antena que capta e depura as histórias de terror que a circundam, virarei radical e adulta, e tudo terá começado aqui, com este gesto de Zuriñe.

Eu gostaria de lhe agradecer, mas soa inapropriado.

— Você carrega o acidente inscrito. Se se cansar de contá-lo pra todo mundo, pode mostrá-lo.

— Não vem com metafísica que eu estou mais drogada do que você.

— É como *Na colônia penal*,[14] só que o teu corpo não é a tua sentença, mas a tua autobiografia.

— Não estou entendendo.

— «Viver para contá-lo é a lei»...[15]

— Aixa, vai dormir.

— «Vou te lembrar disso todas as vezes que apertar o play.»

— E volta para me visitar em Gorliz, por favor, só que mais sóbria.

Obedeço porque estou consciente de já não estar totalmente aqui. Juntaram-se o cansaço, os desequilíbrios químicos e a intensidade do momento (que não descarto que seja uma consequência do cansaço e dos desequilíbrios químicos) e reagiram dando

---

14 Novela de Franz Kafka publicada em 1919.
15 Trecho da música *Vivir para contarlo*, do grupo de hip-hop espanhol Violadores del Verso. A presença da música é um traço marcante da escrita de Aixa de la Cruz, como anunciam a epígrafe desta obra e o tema do seu romance *De música ligeira* (2009).

origem a um estado de consciência que não posso compartilhar com ninguém, o que não significa que eu não esteja lúcida. Afasto-me do hospital pensando que, se o corpo de Zuriñe é o relato do seu acidente, só precisam escrever memórias aqueles que saem com o corpo ileso. A primeira vez que descrevi o verão das minhas queimaduras foi depois de observar que as cicatrizes que me haviam prometido indeléveis estavam desvanecendo. Peguei uma caneta hidrocor, preenchi as marcas, e daquela imagem surgiu um texto que publiquei na *Letras Libres*. Não acho que seja coincidência. Acho que preciso escrever o que me aconteceu e que não se vê, deixar registrado. Sinto falta do meu psicanalista. Acho que não sou capaz de chegar andando ao meu bairro. Zuriñe me mostrou suas feridas com orgulho. O orgulho das vítimas. Eu gostaria de desenvolver essa ideia, de anotá-la no bloco de notas pelo menos. Vou vomitar. Não. Alarme falso. Paro um táxi. Me leva até novembro de 2017, por favor. E pode ficar com o troco.

MEU PROBLEMA COM AS MULHERES

Muriel está grávida. Ela nos avisa por mensagem, no grupo de WhatsApp que compartilhamos com os antigos colegas da academia, e se inicia um caos de parabéns, emojis e diferentes linhas de interrogação, todas voltadas para elucidar a origem do material genético complementar que realizou a façanha. Nossos amigos querem perguntar onde você arranjou o sêmen?, mas soltam o velho quem é o pai?, embora Muriel tenha namorada e a opção eufemística seja, por conseguinte, incorreta.

— Que pai? Aqui não tem nenhum pai.
— Mas você foi a um banco de esperma?
— Não. Fui pro bar.

Conheço bem Muriel e não caio no erro de levá-la na brincadeira, mas os outros demoram um tempo considerando o que precisam considerar para reconstituir os fatos: queria um bebê e escolheu um doador, um turista australiano de olhos verdes e formação superior com quem trepou sob um nome falso que nenhum dos dois recordaria 48 horas depois, quando ele embarcaria em seu voo de volta e ela saberia que aquela acidez que o vinho lhe causava era o primeiro sintoma da revolução hormonal que explodia.

Queria um bebê e escolheu a opção mais simples e barata para uma mulher nas suas circunstâncias. Qual é o problema?

Espalha-se um silêncio telefônico suspeito, dos que te obrigam a verificar se os dados móveis estão funcionando corretamente, se não há problemas técnicos. Alguém está se contendo, mas sua capacidade de contenção não é ilimitada. Rebenta finalmente com a mesma fórmula desatinada de antes (e, claro, é um homem):

— Você não acha que *o pai* tem o direito de saber?

Eu não disse uma palavra até agora porque Muriel e eu quase não somos amigas desde que Gari se foi, mas encaixo o golpe em seu nome e respondo também por ela:

— Que pai? Aqui não tem nenhum pai.

Bloqueio o telefone e o jogo na bolsa com uma cólera explosiva que me assusta e que eu deveria analisar melhor, mas então passa uma mulher de uns vinte anos em frente ao bar onde estou tomando café da manhã e esqueço a birra. Tem as pernas finas e firmes, a pele luminosa, gotas de suor entre os peitos. Eu a olho com tanta violência que a disseco. Ela não sabe, mas está coberta de alfinetes como uma mariposa em sua caixa de vidro, cravada para que eu a admire. Aperto as mandíbulas que são armadilhas de caça. Não é particularmente linda, mas é muito jovem, e as mulheres jovens são como o prazer de pisotear castelos de areia. Até há muito pouco tempo, eu também era assim, um corpo para desmanchar, e lembro que, na noite em que nos conhecemos, Muriel me olhou do mesmo jeito como agora olho esta e outras moças, com a intensidade de um negreiro no mercado de escravos. Fez despertarem os nervos que uma injeção epidural adormece. Então o parto é o contrário do sexo, e descubro que não me assusta meu próprio parto como me assusta o de Muriel, porque minha boceta é um órgão com funções muito distintas, com menstruações e resíduos de papel higiênico e sessões de depilação e visitas ao ginecologista. Posso conceber que se deforme, que se rasgue, que exista para outra coisa além de trepar. Mas a de Muriel? A de Muriel deveria ser sagrada. Como me parece estranho que estejamos virando adultas.

A jovem de vinte anos se dá conta do meu olhar, e do modo como a olho, porque percorre meu enquadramento desfilando com um passo muito diferente do que retoma ao sair do enquadramento, veloz, um pouco desajeitado, que me parece típico das moças da sua geração, as que nunca usam salto alto e têm um ar masculino porque são altas e esbeltas e ocupam o espaço como se lhes pertencesse, por direito. Vejo as fendas que se abrem em uma única década graças à minha prima Maider, que tem dezenove anos. Quando tinha quinze, me pediu conselho porque suspeitava gostar de meninas. Tinha uma em particular que ela havia beijado várias vezes, mas temia que fosse daquelas «que dão uma de lésbicas para ser populares». Seu comentário me desmontou. Achei engraçado e triste ao mesmo tempo, então ri até que me escapasse uma pequena lágrima. Não sei se era porque Miley Cyrus tinha acabado de arranjar uma namorada, ou porque o pornô tinha popularizado a imagem da mulher bissexual como objeto de desejo, ou porque se concebe apenas o que se nomeia e no fim estavam afrouxando as cordas, mas o fato é que a metade das lolitas que posavam no Instagram de Maider eram acessíveis para Maider e aquilo me parecia insólito. Recordo aquele instante com a impressão dos detalhes triviais (que nós duas vestíamos camisa xadrez e que passeávamos na Stradivarius,[16] por exemplo), a explosão de inveja, e me lembro de me sentir subitamente muito velha, porque imagino que os velhos nos olham e só veem o que poderiam ter sido se tivessem tido os nossos privilégios. Quanta futilidade, mas ainda hoje é a única coisa que eu mudaria da minha biografia.

16   Loja espanhola de roupas.

Trocaria a minha adolescência competindo com as meninas bonitas por uma adolescência de meninas bonitas com as quais poderia dar uns amassos. Quero voltar atrás e trepar com todas as colegas de turma que me pentelharam no ensino médio. E não estou falando de sexo por vingança, estou falando de consertar a história.

Comecei o ensino médio no ano 2000 e em Euskadi, ou seja, no País Basco não existiam nem lesbianismo nem *bullying*. Existiam os sapatões e os machões. Os sapatões eram «mulheres com corpo de homem», ou «homens com peitos»... Não me lembro da definição exata que em algum momento meu pai me deu. Os machões quebravam os óculos do menino míope da primeira fileira, vendiam haxixe no pátio e era melhor não olhar diretamente nos olhos deles porque, na primeira oportunidade, te esperavam na saída com seu séquito de bestas fiéis. Se fosse um homem, te chutavam até que vomitasse o almoço, e se fosse mulher, te humilhavam com base no teu físico: se fosse feia, com insultos; se fosse bonita, te apalpando como os santos em procissão na Semana Santa de Sevilha. Utilizando as mesmas estratégias que anos depois me permitiriam sair incólume dos piores *afters* da cidade, com discrição e tato, me livrei do assédio masculino, que era um assédio do tipo *slasher*. O que sofri nas mãos da comunidade estudantil feminina, em compensação, era mais terror psicológico.

Quando passamos do ensino fundamental para o médio, os grupos se multiplicaram e, pela primeira vez em dez anos, vimos caras novas. Alunos exemplares com pais superprotetores, nós fomos transplantados do zoológico para a selva, fomos misturados com estudantes do bairro que fumavam seus primeiros cigarros no recreio e respondiam às perguntas dos professores com obscenidades. Havia uma menina particularmente escandalosa que se chamava Lourdes e se comportava como as celebridades desqualificadas que nascem de um *reality show*. Vestia sempre conjunto de moletom e escutava techno selvagem num walkman que já era uma peça de museu. Só tirava o fone para tomar banho, dizia, porque o silêncio a assustava. Não conhecia o pai e contava, sem nenhum pudor, que atribuía isso ao fato de que sua mãe tinha sido puta quando jovem. Era a primeira menina que eu conhecia com laços familiares estranhos, mais estranhos do que os meus, e talvez por isso eu tenha simpatizado com ela. Por isso e porque era sozinha. Tinha sido expulsa do colégio de freiras e não conhecia ninguém na nova instituição. Tentei integrá-la em meu grupo e essa foi a origem da minha ruína social. Péssima ideia. Nossa líder era neta de um alto funcionário do governo basco e se recusava a entrar na minha casa porque era uma casa de pobre. Como não iria se recusar a dividir o banco escolar com Lourdes? Agora me parece óbvio, mas na época eu não conseguia enxergar. E me pegou de surpresa. Ou fica com ela ou conosco. Ouvi essa frase um ano antes que Bush se apropriasse dela. Parece mentira que exista uma pré-história semelhante e que eu guarde recordações dela, mas como esquecer aquela iniciação escolar...

Sempre com o mais fraco. Assim me educaram, e por isso fiquei com Lourdes. Não demorei nem uma semana para ficar saturada da sua conversa fiada sem substância, mas não podia voltar atrás na primeira decisão política que tomava no ensino médio, quer dizer, na vida que começava a se tornar séria. A coerência era decisiva. Repeti esse lema durante anos, apesar de ter militado no movimento mais incoerente da Europa contemporânea. Fui comunista, patriota, defensora dos direitos humanos e pró-ETA.[17] Talvez a única ação irrepreensível que levei a cabo

---

17 Abreviação de «Euskadi, Ta Askatasuna», em basco «Pátria Basca e Liberdade», organização nacionalista basca armada, fundada em 1959 inicialmente como promotora da cultura basca, atualmente classificada pelo governo espanhol como grupo terrorista.

na minha adolescência tenha sido a de virar as costas para o meu grupo e adentrar a área do pátio ocupada pelos marginalizados, mesmo que eu tenha certeza de que teria voltado atrás se tivesse previsto as consequências.

Foram táticas sutis, das que surtem efeito por acumulação e não deixam marcas, portanto me lembro apenas das mais vistosas. Uma manhã entrei na sala e só os meninos me cumprimentaram. Na aula de matemática pedi a uma colega que me emprestasse a sua calculadora e ela não respondeu. Insisti, e nada. O pacto de silêncio estendeu-se como uma dessas enfermidades genéticas que não afetam o cromossomo Y. Durou nove meses. Quando tínhamos aula de educação física, os vestiários dividiam-se em dois turnos: primeiro *elas* tomavam banho, e, em seguida, Lourdes e eu. Se a representante distribuía uma circular de mão em mão, as nossas ela colocava sobre a mesa. Ninguém queria nos tocar. Éramos contagiosas e o asco nasce sempre do medo do contágio. É surpreendente a sofisticação de um castigo projetado por uma criança, suas ressonâncias culturais, mas é assim que acontece com as técnicas de tortura. Sob diferentes nomes, todos os regimes projetaram as mesmas. São arquétipos junguianos, inconsciente coletivo.

Lourdes deixou de assistir às aulas no segundo trimestre. Sua mãe não sabia o que fazer com ela e os professores não sabiam se denunciavam o caso aos serviços sociais ou se fingiam que nada estava acontecendo. Entre uma dúvida e outra, finalizou o ano letivo sem aparecer. Ficou um assento vazio junto à minha mesa que chamava atenção como um acidente geográfico porque destruía a organização binária da turma. As meninas se sentavam em pares nas primeiras fileiras e os meninos em uma fileira única no fundo da sala. Minha carteira em branco e eu éramos uma ameaça semiótica. Talvez por isso, na metade do curso, tenha sido ocupada por David, o adolescente no qual se tinha transformado meu melhor amigo de infância. Tempos antes, nossas mães tinham nos jogado na mesma área do parque enquanto se revezavam para nos vigiar. Ele me dava socos porque eu dizia que tinha superpoderes, que era insensível à dor, e eu gostava daquela brincadeira, apertar as mandíbulas enquanto sorria, fingir-me impassível e ver a sua cara espantada. Uma vez quebrou meu nariz. Então, eu o joguei lá do alto de uma bananeira. Vivíamos no mesmo bairro e, quando nos concederam a liberdade de voltar para casa sozinhos, a condição foi que o fizéssemos juntos. Mantivemos esse hábito até a formatura da escola, embora nossa amizade tenha arrefecido quando as meninas começaram a reparar nos meninos e o definiram como o alvo de suas fantasias adolescentes.

Todas as minhas perseguidoras competiam por David, então quando se sentou ao meu lado, cresceu o ódio. Nos tempos pré--cibernéticos, a líder descobriu a perseguição anônima, o insulto irrastreável, nas chamadas a cobrar. A técnica era simples: o aparelho registrava um número oculto e, ao responder, uma telefonista era substituída por uma gravação de áudio feita pela pessoa que queria que você arcasse com os custos da chamada. Cinco segundos de ameaças com voz distorcida. Era a época da saga *Pânico*. Teve *Pânico* 1, *Pânico* 2 e *Pânico* 3. O estopim, em todas elas, era uma chamada telefônica e uma pergunta: qual é o seu filme de terror favorito? Cada vez que a primeira vítima entrava no jogo, os espectadores levavam as mãos à cabeça. Por que não desligava? Como podia ser tão burra? Eu também deveria ter desligado, mas nunca fiz isso. Todas as tardes, agarrava o fone, a taquicardia pulsando nas têmporas, e escutava o que tinha de escutar porque era pior não fazer, ficar na dúvida. Um insulto era melhor do que mil insultos possíveis e a minha imaginação muito mais fértil que a dos meus *haters*, que se limitavam a criticar minha aparência, minhas roupas, minha suposta disposição a qualquer prática obscena com David. As insinuações acabaram me envergonhando e lhe pedi que voltasse para a sua antiga carteira. Por sorte, pouco depois, um menino trouxe para a sala um tabuleiro de xadrez portátil. Eu me inscrevi no torneio que ele improvisou no intervalo de almoço e acabamos quites. Para desempatar, me convidou para me juntar ao setor masculino e ali fiquei. A alteridade se simplificou. O espaço voltou a se configurar em duas zonas antagônicas, nós contra elas.

Cresci rodeada de homens porque as mulheres me davam medo, e não perdi o medo até que comecei a trepar com elas. Durante anos tentei corrigir a história assim, seduzindo as que me escaneavam de cima a baixo como se medissem o inimigo, porque o sexo permite que o poder mude de lado e porque eu levava muito jeito. Depois de tudo, eu tinha aprendido a olhá-las de longe, desde o lado contrário, como esperavam que um homem as olhasse. Costumava fazer a conta do número de meninas heterossexuais que eu convertia, como se meu projeto fosse um projeto de evangelização. Como se qualquer coisa feita de salto alto e batom fosse intrinsecamente disruptiva e sempre certa. Paul B. Preciado ainda se chamava Beatriz e era a minha profeta. A teoria *queer*, as escrituras.

Estive relendo *Testo Junkie*[18] e foi como reler um texto meu; a mesma vertigem, a mesma menina que defende uma utopia segundo a qual não existem os gêneros quando, no fundo, o que ela quer é ser um menino. Tenho que explicá-lo à minha mãe, que sempre diz ter parido a feminista mais precoce da história. Não é assim, mamãe. Eu não queria lutar por minhas irmãs. Eu queria deixar de ser uma irmã. Como Virginie Despentes, eu pensava que «todas as coisas divertidas são viris» e «tudo o que não deixa marca» é feminino, e odiava que me encaixassem na segunda categoria. Por isso no jardim de infância me livrava dos lápis

---

18   Referência ao livro de Paul B. Preciado *Testo Junkie: sexo, drogas e biopolítica na era farmacopornográfica*. São Paulo: N-1 Edições, 2018.

cor-de-rosa que vinham no estojo, e na segunda série do primário escrevi uma peça teatral para o espetáculo de fim de ano sobre uma princesa que se recusava a usar vestidos e a costurar seu enxoval de casamento, e na terceira confrontei a direção da escola porque ela organizou uma atividade extraescolar que não era mista: o futebol. Eu teria preferido me inscrever em teoria musical, como fiz no ano seguinte, ou em pintura, ou em ginástica rítmica, mas venci a batalha e coube a mim ser coerente com minhas reivindicações, então, durante um ano, fui a única menina da liga júnior, a que referendava com sua inaptidão que nós fêmeas não nascemos para dar chutes numa bola. E se algo tão simples se torna tão complicado, o que se pode esperar de nós?

Nada. Das meninas não se esperava nada porque eram imbecis. Elas demonstravam isso toda vez que abriam a boca para me dizer que as tornozeleiras eram de sapatão, que minhas meias não estavam combinando, que eu tinha de vestir calcinha por baixo do collant, que porca! Meus problemas de etiqueta eram culpa do meu pai, que se encarregava de me vestir e de me levar à escola de manhã e nunca soube trançar meu cabelo nem fazer um rabo de cavalo decente. Ele me largava como a um leão desgrenhado, com meus cachos desfeitos pelos puxões da escova, então decidi passar máquina dois e o resultado dessa iniciativa meramente prática foi que ascendi de categoria, ascendi a mulher-macho, que era meio menino, ou seja, o que eu deveria ser de fato porque eu não era nenhuma imbecil. Eu era o fenômeno da turma, ou pelo menos era isso que as outras mães cochichavam para a minha. Apendi a ler e a escrever aos quatro anos, quando meus companheiros de pré-escola apenas balbuciavam, de tanto transcrever as palavras de um conto que nossa professora lia para nós em voz alta de manhã cedo. Como era sempre o mesmo, acabei decorando. No recreio pegava emprestado o livro e copiava cada folha com suas ilustrações e suas letras, que no início me pareciam iguais, simples desenhos. Mas um dia associei o que copiava com aquilo que sabia o que significava, e as duas faces do signo linguístico se uniram. Não foi um processo. Foi uma epifania. Para o pedagogo da escola um milagre, e para o meu avô o resultado natural da herança genética, os genes de um homem desconhecido ao qual daqui em diante me referirei como biopai.

Meu biopai não estava presente no parto, mas compareceu à clínica quando eu já tinha nascido. Fez uma farra quebrando o cofrinho no qual minha bisavó tinha colocado 100 pesetas por cada dia da gravidez da minha mãe e me registrou no cartório com seu sobrenome e com um segundo nome que não fora combinado. Desapareceu depois de uns meses e se transformou numa história que me haviam contado e que eu adornava com invenções próprias. Eu disse no colégio que ele estava morto, que era marinheiro e astronauta. Uma colega do jardim de infância me chamou de mentirosa e nunca mais toquei no nome dele. Tinha vergonha quando minha mãe falava dele porque ela fazia isso sem rancor, eu diria até com ternura. Soube que ele se achava poeta e que colocava versos cacofônicos em bolsinhas de ervas aromáticas. Soube que superestimava sua inteligência e que quase não tinha amigos porque ninguém estava no seu nível; que renunciou ao seu trabalho para não pagar a pensão alimentícia e que viveu durante anos à margem da previdência social, irrastreável, como um fantasma.

Até que minha mãe me arranjasse um novo pai, morei com os meus avós, que se dedicavam à confecção de roupa infantil. Meu avô trabalhava no ateliê, encarregado dos moldes, e minha avó vendia os modelos numa loja que acabou sem clientes no final dos anos noventa. Para combater a inércia, ela devorava romances no armazém, rodeada de casacos ingleses e vestidos de comunhão, e ele cortava tecidos junto a uma televisão sempre ligada. Com ela aprendi a ler e a fazer adições e subtrações, e ele me apresentou o mundo dos *reality shows*. Eu adorava me sentar a seu lado, numa velha cadeira de balanço que já não aguentava o peso de seu corpo, mas do meu sim, e cultivar meu voyeurismo com os programas de Paco Lobatón, com o *Sorpresa, sorpresa* de Isabel Gemio e com os primeiros *talk shows* da época, repletos de irmãos gêmeos separados no nascimento, de filhos perdidos que reencontravam os pais, de choros e de abraços entre desconhecidos consanguíneos. Num futuro não muito distante meu avô me imaginava em algum daqueles estúdios e eu lhe fazia a pergunta que continuo me fazendo até hoje: será que um desconhecido com meus genes *deveria* me interessar mais do que um homem aleatório com quem eu cruzasse na rua? Que diabos são os genes? Tentaram me explicar em psicobiologia. Saí com a ideia de que a única coisa que herdamos de nossos pais são doenças raras, alterações cromossômicas, deformações no palato que farão com que os seus filhos miem ou que você morra jovem de uma insônia incurável, de uma doença cardíaca ou de câncer. Nada parecido com o que motivava meu avô a me exibir no bairro como se eu fosse um macaco falante — querida, diz as capitais do mundo; querida, recita o poema que a vovó te ensinou — e a atribuir minhas habilidades à inteligência de um homem que eu não conhecia.

Desde que faço uso da razão, e de maneira periódica — no início a cada dois ou três meses, agora uma vez por ano —, minha mãe me pergunta: você não quer que eu te ajude a procurá-lo? Sempre digo que não e minha falta de interesse lhe parece preocupante, o indício de que algo vai mal, de que o pai ausente deixou marcas, e isso mesmo que ela tenha seguido à risca as recomendações dos especialistas: não o criticou na minha presença, não me proibiu de vê-lo... Talvez se eu tivesse demonstrado uma ansiedade tangível, se aos dezesseis tivesse arranjado um namorado de quarenta, ela teria se sentido mais segura, dentro do esperado, com ferramentas, com controle. Mas a verdade é que meu biopai não era mais do que um incômodo, um símbolo transcendente que eu não entendia e por meio do qual eu traía as expectativas de todo mundo. Muitos dos meus amigos não souberam de sua existência durante anos. Eu tinha vergonha de tocar no assunto porque antecipava as reações deles, a cara de consternação, como se eu confessasse ter sido violentada pela babá. Mas a mim ninguém violentou. Tive uma infância feliz, uma adolescência desastrosa, como a de muitos, e um pai em casa, com normas absurdas, com fixações, medos e valores que me inculcou perigeneticamente, como uma mutação que se adquire após um desastre nuclear.

Assim como há falsos suicidas, desses que deixam a porta do banheiro aberta para que alguém os salve a tempo, há falsos fugitivos, escapistas que desaparecem para ser procurados. Meu pai biológico era, e eu diria que ainda é, um falso fugitivo. Há dois anos me mandou uma solicitação de amizade pelo Facebook. Há vinte, uma intimação judicial. Eu tinha nove anos quando me vestiram com roupa de domingo numa segunda-feira e me levaram para ver um psicólogo forense. O psicólogo me pediu para desenhar algo e desenhei uma árvore, me perguntou o que você quer ser quando crescer e eu disse escritora. Me pediu para assinar o desenho alegando que um dia, quando eu fosse famosa, valeria milhões, e enquanto eu fantasiava com a ideia, com a posteridade literária, apertou o gatilho. Quer conhecer o seu pai? Que pai? Fazia quatro anos que eu morava com um que me levava para a escola todas as manhãs e lia histórias para mim antes de dormir, portanto a minha confusão era compreensível. O verdadeiro, o biólogo, disse o psicólogo. Encolhi os ombros porque era uma menina muito educada e para mim era difícil dizer não. Era tão prudente que, quando meu avô me levava à loja de doces e me incitava a escolher o que quisesse, sempre escolhia de menos: uma jujuba, um chiclete, algo tão pequeno que nem sequer merecia uma sacola. O psicólogo emitiu um parecer favorável que chegou até um juiz que ditou uma sentença e estipulou um regime de visitas em resposta ao requerimento do meu pai *de verdade*. Após nove anos desaparecido, tinha se cansado de que ninguém o procurasse. Lembro-me pouco daqueles meses e não me incomodou contrastar a minha versão com a da minha tia, que foi escolhida para me acompanhar nas primeiras visitas tuteladas, porque não quero saber mais do que já sei. Lembro que no primeiro dia comemos panquecas com chocolate na Häagen Dazs da Gran Vía[19] que já não existe mais e que o homem desconhecido que era meu pai *de verdade* me levou a uma loja de discos e me pediu para escolher um. Lembro que fiquei com vergonha e lhe disse que não precisava, e ele insistiu, e minha tia também insistiu, e que então peguei uma compilação de clássicos do rock anglo-saxão traduzidos para o *euskera*[20] e que o homem desconhecido que era meu pai *de verdade* fez algum comentário sarcástico sobre a minha educação na escola pública basca. No segundo dia comprou para mim uma máquina de Tetris e o terceiro dia não foi um dia, mas um fim de semana num apartamento em Pientzia[21] no qual vivia com outra mulher e com o filho dela, que o chamava de pai embora não fosse seu pai. Eu nunca chamei ninguém de pai, apesar de ter tido dois. Quando paro para pensar, é muito louco.

Nas margens do livro de Preciado encontro uma citação do *Manifesto Ciborgue* de Donna Haraway: «*Illegitimate offspring are often exceedingly unfaithful to their origins. Their fathers, after all, are inessential*».[22] Nós, os filhos bastardos, somos infiéis às nossas origens porque nossos pais não são essenciais. A teoria *queer* me

---

19 Uma das principais ruas de Madri.
20 Em basco no original, *euskera* ou língua basca.
21 Município da província de Biscaia, no País Basco.
22 Em inglês no original: «A prole ilegítima é com frequência extremamente infiel às suas origens. Seus pais são, afinal, dispensáveis».

pareceu feita sob medida para mim porque o pai que me educou não carrega os meus genes. O que os carrega desapareceu pela segunda vez quando as visitas foram suspensas com a aproximação das férias de verão. Passamos a tarde na praia e nos despedimos até setembro, mas nunca voltou para concluir a disciplina. Durante aquela última visita, no trajeto até Bilbao, no carro, comentamos um conto que ele tinha escrito. Eu teria optado por um narrador protagonista masculino e ele me perguntou por quê. Com meu corte de cabelo máquina dois, eu lhe disse que queria ter nascido menino porque odiava tudo o que tinha a ver com as meninas e ele sorriu e ficou calado. Quando publiquei *Modelos animales*[23] também se interessaram muito por minhas vozes travestidas, como se fosse suspeito que eu conjugasse com facilidade os pronomes que não me pertencem, indício de que não sou quem aparento.

 Imagino um universo alternativo no qual minha mãe se interessou pelos discursos médicos em torno da transexualidade, pelo argumento do menino preso no corpo de menina, e decidiu me dar testosterona em vez de me castigar pela minha mania de enfaixar os peitos com faixas para cabelo, que foi o que fiz quando aqueles volumes alienígenas começaram a crescer sem a minha permissão e ainda por cima à noite, quando eu baixava a guarda. Acho que minha trajetória não teria sido tão diferente e que sou uma das poucas mulheres que podem dizer algo parecido, das poucas em que uma barba não teria salvado de ser agredida ou relegada à insignificância ou à devoção por vocação. Acho que teria continuado a escrever a partir de ambos os extremos pronominais, evitando cuidados, me apaixonando pelo poder e pela coleira de cachorro na garganta, só morde e não assopra, segundo as diretrizes... E, no entanto, não teria escrito estas páginas, nem teria

---

23 Livro de contos de Aixa de la Cruz, publicado em 2015.

estes contornos ligeiramente mais permeáveis do que imaginava, nem estas dúvidas em relação às minhas predecessoras, nem tanta culpa acumulada que no fim de 2017 se transformou em ira. Acho que jamais teria me acontecido o que vem a seguir.

TREMOR

É 19 de setembro de 2017. Estou no ônibus para Rekalde[24] e dou uma olhada no Twitter. Iván compartilhou a *thread* de uma ativista que detalha os 83 feminicídios registrados em Puebla[25] só neste ano. Fornece nomes e sobrenomes e um resumo sucinto de cada crime. Lembra a enumeração selvagem que Roberto Bolaño fazia em *2666*, mas agora é ainda pior. A onda de violência machista desencadeada no centro do país é superior em números à de Ciudad Juárez,[26] embora até uns dias atrás mal se falasse sobre isso. O caso de Mara, uma jovem de dezenove anos que foi estuprada e assassinada por seu motorista do Cabify, invadiu as nossas redes sociais e o terror virou notícia. Vi um mapa interativo que aponta os assassinatos mais recentes: 1.985 casos registrados em 2016 e 329 de janeiro a março deste ano. As zonas mais perigosas já não estão no Norte, mas no cinturão de pobreza do Estado do

---

24   Bairro de Bilbao, no País Basco.
25   Cidade no México, oficialmente chamada de Heroica Puebla de Zaragoza.
26   Também chamada de Juárez, cidade no norte do México.

México, em municípios como Ecatepec, aquele inferno de contaminação e de superpopulação pelo qual entrávamos na Cidade do México a partir de Pachuca[27] e que doía só de olhar porque simbolizava uma pobreza que não se erguia orgulhosa e festiva como nas zonas rurais; não havia fachadas rosa nem barracas de torresmo; os vendedores ambulantes que se aventuravam no tráfego de seis pistas não eram homens, mas meninos. A imagem era tão estereotipada, tão terceiro mundo, tão expectativas que um europeu quer corroborar sobre a América Latina, que cheguei a negá-la, mas hoje me lembro dela. Vi os rostos potenciais dos assassinos: emigrantes da periferia que se aproximavam da cidade grande para que a cidade grande os repelisse e que se sabiam o elemento mais baixo da grande pirâmide, se não fosse pelo fato de que ainda mais abaixo, desde que o mundo é mundo, estamos nós mulheres.

Ontem à noite li um status no Facebook que achei muito sensato. Karla Camarillo, uma atriz que conheci num encontro de dramaturgia em Monterrey,[28] escrevia o seguinte:

> Li vocês o fim de semana inteiro comovidos pelos feminicídios. Aí está a foto de Mara Castilla no *feed* de dois homens que me violentaram, no de vários que me humilharam enquanto eu trabalhava, no do diplomata covarde que ficou calado enquanto isso acontecia, no do que me manda nudes, no dos que agrediram minhas amigas ou me chamaram de exagerada, feminazi... Queridos, para vocês que não se comovem até que sejamos cadáveres, a sua indignação acaba onde começa o seu machismo normalizado. Vocês são todos cúmplices.

---

27 Oficialmente Pachuca de Soto, cidade mexicana a cerca de 100 quilômetros da Cidade do México.
28 Cidade no nordeste do México.

Desde que li essas palavras fiquei pensando no meu ex-marido, e nas coisas que vi e nas que passei por alto quando estivemos no México. Para as minhas amigas, Rafa sempre será aquele cara que ficou sentado enquanto nós mulheres fazíamos sanduíches para a sua despedida de solteiro e que na despedida de solteiro vomitou nos lençóis e esperava que eu os trocasse. Me incomoda como o retratavam com largas pinceladas, sempre dispostas a fazer julgamentos genéricos baseando-se em histórias concretas, mas faz tempo que não nego que Rafa era, de fato, um vagabundo e um machão. E foi assim que o nosso casamento terminou com uma esquete de humor sexista.

Na véspera do meu 23º aniversário, cheguei em casa e o encontrei na frente da televisão. Me sentei ao seu lado, abri uma cerveja e lhe disse: temos que conversar. Ele disse quando terminar o jogo e eu aproveitei o que restava do segundo tempo para repassar meu discurso. Nem era complicado. Finalmente eu tinha encontrado uma desculpa, a forma de sair dignamente daquele atoleiro no qual tinha me metido por teimosia, *to make a point*,[29] e no qual tinha ficado presa por um misto de vergonha e culpa. Afinal de contas, eu era a razão pela qual Rafa estava num país que não era o seu, longe da sua família e sobrevivendo com uma companhia de teatro amador, enquanto no México o tratavam como um *rockstar*, pelo menos era o que ele dizia. Eu iria abandoná-lo sem que ele tivesse dinheiro para comprar a passagem de volta, num vilarejo onde não conhecia ninguém, em uma casa emprestada pelos meus avós. E era meu marido. Aquilo *devia* significar algo. Me casei para que ele conseguisse o visto de permanência, para que pudéssemos ficar na Espanha, mas fiz isso diante de um juiz, aceitei os cheques dos convidados, me comprometi num ato performativo, público.

---

29   Em inglês no original, «para provar algo».

Sempre tive um senso de responsabilidade exacerbado e muito medo de reconhecer que cometo erros. Por isso eu precisava de uma desculpa e procurei durante meses na caixa de entrada dele. O assunto do e-mail que me libertou do contrato era «tudo certo». Uma mulher com nome de telenovela informava que a pílula do dia seguinte tinha surtido efeito, mas, por favor, da próxima vez use camisinha.

Lembro o meu espanto diante da tela enquanto me dizia que é significativo que as confirmações nos surpreendam tanto quanto as descobertas, e lembro a vertigem e, sobretudo, o alívio. Que Rafa dormia com todas as atrizes que se deixavam impressionar por seus modos de *enfant terrible* eu soube desde que o acompanhei pela primeira vez num festival de teatro no México. Bastava observar o comportamento de seus colegas. Um diretor de cena estava me mostrando a foto de seus filhos, dos quais sentia muita falta porque havia três meses estava sem voltar para casa, e logo em seguida desfilava com a sua nova conquista, a menina mais jovem do elenco, que rondava os pequenos círculos querendo participar das conversas dos homens como uma criança que tenta sentar-se na mesa dos adultos.

Quanto menos pensam, melhores são as atrizes.

Escutei tanto essa frase que a incorporei ao meu repertório de piadas. Eu também não gostava delas: eram instáveis, bipolares, com um ego tão flexível que se tornava fraco. Como todas as mulheres, suponho. Uma noite jantamos no terraço de um hotel do Zócalo[30] em frente à basílica de Guadalupe, cada ano mais afundada em seus alicerces de lama, com vista para a cidade imensa que se estendia de luz em luz até o alto dos montes, e eu estava

---

30 Popularmente conhecida como El Zócalo, a Plaza de La Constitución, a principal da cidade, fica no centro histórico da Cidade do México.

em êxtase, no epicentro das coisas que se movem, por isso bebi mais do que de costume e me incomodou, pela primeira vez, que nenhum dos comensais, todos eles escritores, tenha se dignado a me perguntar sobre o meu trabalho. Rafa justificou mais tarde dizendo que, como eu era muito linda, partiram do princípio de que eu era atriz, e, embora eu tenha fingido me ofender, me senti lisonjeada.

Continuo lendo os nomes e sobrenomes das vítimas de Puebla e penso na cumplicidade de um país do qual nunca me divorciei e que idealizo à distância, que defendo com paixão em tudo menos nisso. Tive dificuldade para entender o México e tive dificuldade para amá-lo porque demorei a compreendê-lo a partir de dentro, sem condescendência culturalista. Tive de aprender que não havia nada fundamentalmente errado na família indígena que economizava para comprar o vestido de debutante mais luxuoso do vilarejo em vez de poupar para pagar a universidade da filha. Que os pobres eram pobres por motivos mais complexos e que eu não era ninguém para tirar a festa deles. Tive de aceitar que a obsessão por segurança que a Europa tem é uma fantasia de controle e que os bebês também sobrevivem sem cadeirinhas de carro e correndo por um terreno baldio infestado de escorpiões e de serpentes. Às vezes sobrevivem e às vezes morrem, como em toda parte. Tive de lidar com muitos dilemas morais, mas o machismo que impregnava tudo nunca me incomodou tanto quanto me incomodavam a lentidão burocrática ou os barracos que não tinham isolamento nas paredes, mas antenas parabólicas de televisão sim. Naquela época eu não me considerava feminista. Nem sequer gostava de ser «mulher». «Mulher» era um partido que não representava os meus valores.

Em 19 de setembro de 2017 chego em casa odiando o México porque é uma fábrica de assassinos, um país onde todo homem é culpado pelo simples fato de ser homem e onde o patriarcado é tão brutal e hegemônico que muitas mulheres nem percebem. Já não tenho mais pátrias. Reneguei todas, inclusive as que escolhi. Digo isso a mim mesma enquanto ligo o computador e as abas abertas vão carregando, uma a uma, fotos pós-apocalípticas. O terremoto foi há quinze minutos, mas tremo agora. Começa a rotina que os ataques jihadistas nos impuseram: mensagens nas redes e no WhatsApp em busca da confirmação de que você não foi o premiado. Todos estão bem? É óbvio que não estão todos bem porque já há o balanço inicial de mortos, mas se subentende que se referem à própria agenda de contatos, ao seu bando. Meu ex-marido responde imediatamente. Está na cabana em Los Llanos e o tremor foi sentido com muita força, mas tudo continua de pé. No entanto, ele não consegue localizar sua irmã e seu sobrinho, que vivem em um vilarejo a 15 quilômetros do epicentro. Calma. Vão encontrá-los quando a comunicação for restabelecida. A maior parte do estado de Morelos está sem luz. Calma.

Sim, calma, mas não estou tranquila. Enquanto espero notícias de Rafa, consumo com avidez vídeos e reportagens fotográficas que mostram como ficou a Cidade do México e entro em um *looping* irreal, de simulacro, porque essa experiência de reconhecer ruas que agora estão em ruínas não faz parte do meu mundo; é algo que acesso somente por meio da ficção. As colônias mais afetadas são as que conheço melhor, as instaladas sobre a antiga lagoa de Tenochtitlán e que são seguras para os turistas, mas não para os abalos sísmicos. Roma, Cuachtemoc, Condessa. Nesta última, desabou um bloco inteiro de casas que reconheço, ou assim conto a mim mesma. Conto que aos vinte anos estive fumando no terraço de um edifício na calçada oposta, numa festa em homenagem ao diretor de um filme premiado com estatuetas da academia de cinema mexicano e que a festa, em si, me pareceu um filme. Havia bandejas de prata com carreiras de cocaína, um homem que me falava com a veemência de um louco sobre as letras de Tom Waits, sobre a música de Tom Waits, havia larvas maceradas em mescal com propriedades alucinógenas, a protagonista de uma telenovela que a TVE 1 reprisava depois do almoço e um dramaturgo que afirmava que os cachorros da capital se suicidam, que ele mesmo tinha visto porque passava as manhãs junto ao semáforo da rua Reforma e percebia que todos conheciam a dinâmica do tráfego, que esperavam que ficasse verde para atravessar até que um dia decidiam não esperar e se atiravam contra os carros, cansados de viver. Havia também uma menina de seis anos, filha dos anfitriões, que pulava entre os convidados e as drogas e os copos de uísque com absoluta familiaridade e se maravilhava, em vez disso, com o meu sotaque. Diz «cereja», «sapato», «massa».[31] Eu obedecia e ela morria de rir.

Lembro que naquela noite pensei que a minha vida finalmente dava uma arrancada, que tinha dado o salto da plateia para o palco e que descobria o mundo tal como era, intenso e delirante e imune a qualquer crítica moralista. Ou você entrava ou ficava à margem tomando notas como um etologista. Ou o julgava ou o admirava. Isso eu experimentei muitas vezes na Cidade do México. Tinha aquele homem sem pernas que na época das chuvas, quando a água cobria os pneus do ônibus que me levava ao aeroporto, serpenteava entre as pistas com uma mão na roda da cadeira e a outra segurando um cigarro. Tinha a barraca de tamales[32] e bolos da Roma, uma tábua, um guarda-sol e uma mulher tão velha quanto

---

[31] Em espanhol, «*cereza*», «*zapato*» e «*rebozo*». As letras «z» e «s» e os fonemas representados pelas grafias «ce» e «ci», em algumas variantes espanholas e latinas, pronunciam-se com a língua posicionada entre os dentes, um pouco semelhante ao «th» do inglês. Esse fenômeno fonológico se chama «ceceio».

[32] Prato tradicional da culinária asteca, doce ou salgado, feito com massa cozida à base de milho envolto em folhas.

a Revolução que todas as manhãs gerava filas de centenas de executivos e de bêbados com o estômago roncando. Tinha a livraria portátil de Chapultepec onde o livreiro nunca estava e que incitava o furto de livros tão absurdos como um tratado de matemática com prólogo de Borges, tinha a casa de Monsiváis na rua San Simón, que cheirava a xixi dos gatos do quarteirão ao lado. Quando o escritor morreu, os médicos atribuíram sua doença respiratória aos onze felinos com os quais ele convivia e houve uma grande comoção porque as autoridades sanitárias queriam sacrificá-los. A sociedade civil impediu o massacre.

Quando voltamos à Espanha depois do meu primeiro verão no México, senti que havia ganhado e perdido, que a Europa e as suas cidades onde nunca acontece nada de imprevisível jamais voltariam a me interessar. De fato, dispensei o espaço público fechando-me cada vez mais na nossa casa com vista para o mar, até que se tornou impossível saber se a fobia social que acabaram diagnosticando em mim era o motivo ou a causa do meu isolamento, se era patologia ou vontade. Foi nessa época que me desfiz das minhas roupas de adolescente e aprendi a combinar as cores e a andar de salto agulha. O código de vestimenta era a única coisa que atenuava meu medo de desfilar pela Gran Vía.

À medida que as horas passam e que Rafa não responde às minhas mensagens de WhatsApp, deixo-me levar pela histeria do Twitter. Insiro o nome da minha ex-cunhada numa página para localizar desaparecidos, teclo uma *hashtag* com o nome do seu vilarejo, escrevo para todos os meus amigos *chilangos*.[33] Brenda Lozano, uma escritora que conheci no Peru, me conta que o terremoto a surpreendeu no sexto andar de um edifício de Condesa, que começou a oscilar como uma cúpula de gelatina. Desceram

---

33   Apelido dado aos nascidos na Cidade do México.

as escadas correndo sob uma saraivada de escombros e quando chegaram à rua viram as casas do bloco da frente desmoronando. Pediram ajuda nas redes sociais e, em poucos minutos, uma brigada de resgate havia sido criada. Elas estão por toda a cidade. Vencemos o medo sentindo-nos úteis, e de Euskadi, diante do meu computador, não posso fazer nada. Então vou dormir, mas me dá um toque se tiver notícias, digo a Rafa. E dessa vez responde: a Virgem de Guadalupe está se vingando de nós. Levo na brincadeira e tateio os limites do humor negro: então deixem de matar mulheres. Passam-se doze horas sem que eu volte a saber dele. Quando acordei, a Cidade do México ainda não dormira. As autoridades do Estado pedem que as pessoas voltem para casa, pois há voluntários em excesso, ou que vão para Morelos, onde finalmente localizaram minha ex-cunhada e seu filho abrigados numa pedreira. Viralizou um vídeo dos bombeiros cantando enquanto retiram os escombros. «Ai, ai, ai, ai, canta e não chora, porque cantando se alegram, meu bem, os corações.»[34] A dor e a festa, a insígnia pátria. Procuro Chavela Vargas[35] no Spotify e canto e choro.

Iván diz que sou injusta com meu ex-marido, que só me lembro das coisas ruins, mas ele esquece que Rafa e o México são a mesma coisa e que o México me leva do amor ao ódio sem meio-termo, como aconteceu hoje. Os acidentes são revulsivos. Sempre sonhei com eles, em me salvar por milagre e sair transformada, e no México, com Rafa, o perigo parecia ao alcance das mãos embora sempre nos livrássemos. Uma vez atendi o telefone da cabana em que morávamos, e um homem que se identificou como membro

---

34   No original, «*Ay, ay, ay, ay, canta y no llores, porque cantando se alegran, cielito lindo, los corazones*», trecho do refrão da canção popular *Cielito lindo*, escrita em 1882 por Quirino Mendoza y Cortés.
35   Cantora de música rancheira, gênero tradicional mexicano.

do cartel dos Zetas me disse que estávamos sendo vigiados. Ele disse que, se eu não deixasse 10 mil pesos numa caixa de correio do vilarejo, nos meteriam uma bala. Desliguei por instinto, sem refletir, e fiquei muito quieta e alerta, como quando descobri uma tarântula que tinha se esgueirado no chuveiro. Senti que a minha audição se tornava poderosa, que escutava os estalidos das vigas onde se aninhavam gambás e o miado de um gato, muito longe, e um tilintar de talheres na cabana vizinha e, em suma, tudo o que se espera de uma manhã que começa no meio da planície. Me afastei das janelas e esperei que Rafa voltasse; ele tinha saído cedo para levar o sobrinho ao colégio, e em nenhum momento cheguei a acreditar que a ameaça fosse verdadeira pelo mesmo motivo por que nunca jogo na loteria nem verifico os bilhetes que me dão de presente de Natal: porque as coisas, boas ou ruins, sempre acontecem com os outros. No entanto, senti um grande alívio e um pouco de decepção quando se confirmou que eu havia sido vítima de uma tentativa de fraude corriqueira. Nem sequer prestamos queixa na polícia. No final das contas, o crime normalizado se transforma em incidente e os incidentes não são dignos do papel e da tinta que uma denúncia requer. Somente a violência extraordinária é transcrita. Os tabloides sabem e sabiam disso em Monterrey quando os visitei no ano de 2012. Fazia relativamente pouco tempo que o epicentro do narcotráfico tinha se transferido do oeste para o leste da fronteira, do deserto de Sonora para Tamaulipas, estourando a relativa bolha em que haviam proliferado as cidades ricas do norte, e as autoridades que conheci não eram mais do que principiantes na excepcionalidade. Ainda lembravam os neons das ruas principais, o fulgor noturno de quando não havia toque de recolher, e contavam com assombro o quão veloz havia sido a transição do medo à rotina.

— No início recebíamos mensagens de texto a cada minuto: tiroteio no 7/11 da Constitución, apreensão de drogas na Petromex do centro... Não saíamos pra rua sem confirmar que o percurso era seguro nem nos deitávamos sem checar se todos os nossos estavam bem, mas isso durou dez dias, quinze no máximo. A frequência dos alertas foi diminuindo, nos acostumamos a conferir se nossos velhos chegavam vivos em casa, e com os furgões de vidros escurecidos, a saber o que viajava dentro, e que a cada cinco ou seis meses perdêssemos algum conhecido...

Não é uma questão de grau: o intolerável é o infrequente. De todas as lições que aprendi no México, essa é a que mais me ajudaria a entender a Europa, a violência europeia, aquela sobre a minha própria pele. Claro que se passariam anos antes que isso acontecesse. Primeiro teria que voltar atrás por completo, esquecer o limiar da dor latino-americana que relativiza tudo e mudar o filtro grosso pelo fino, a câmara externa pela interna.

Vive-se melhor no epicentro do terremoto alheio do que no próprio tremor, e por isso fui tão feliz em minha outra pátria. Seus cadáveres me distraíam de meus arranhões. A ameaça de estar a ponto de pisar numa cobra cascavel ou de sofrer um sequestro ou de presenciar a última performance macabra do narcotráfico me entretinha. E nunca sou tão perigosa como quando estou entediada.

JUSTIÇA POÉTICA

Desde que saí da casa dos meus pais vivi em sete cidades diferentes e em nenhuma delas mais do que nove meses. Os melhores, ou os que mais idealizo, foram os que passei em Granada enquanto fazia o mestrado. Tinha 24 anos e uma bolsa de 600 euros por mês que se alongava milagrosamente graças a um aluguel simbólico, às *tapas* generosas e às companheiras russas e alemãs que vinham da cultura do frio e tinham o costume de dar festas em seus apartamentos com biscoitos que elas mesmas assavam. Eu não dependia de ninguém e não queria provar nada. Tinha escrito dois romances e nenhum tinha dado certo. Depois da enésima rejeição editorial escolhi me render, optei pela carreira acadêmica, na qual eu sobressaía sem nenhum esforço, e descobri a paz, um egoísmo agradável com o qual a vida era só um instante, mas que instante! A única coisa que escrevi durante aquele curso foi um conto erótico que dei de presente de aniversário a Muriel e com o qual ela me disse ter se masturbado várias vezes. Continuo achando que esse é o único texto útil que concebi até hoje, e gostaria que a literatura fosse útil.

Minha fobia social tinha evaporado sem transições, do tudo ao nada, assim que deixei Rafa. Um dia estava com o meu marido em Laredo, dedicada a uma causa eremita, com a rotina de uma aposentada, e, no dia seguinte, estava comemorando o meu aniversário num show lotado de gente, preparando litros de *kalimotxo* com meus amigos do ensino médio, que me tratavam com a intimidade de quem se despediu há algumas horas, e lambendo a tatuagem no osso sacro de uma mulher oriental que me jurava que sua pele transpirava uma substância alucinógena. Não me lembro do nome da mulher, mas me lembro do seu short minúsculo e das suas meias de colegial comprimindo a artéria femoral, e que a artéria latejava.

Nunca havia estado em boates, e fui a boates. Nunca tinha me drogado, e provei cocaína, *speed* e ecstasy. Nunca tinha dormido com mulheres, e dormi com mulheres. Compreendi que aos vinte e poucos anos o mundo é governado pelo desejo e que, por alguma complexa combinação de fatores, eu era bem cotada nesse mundo. Aonde quer que eu fosse, sempre havia mulheres mais bonitas do que eu; elas estavam no meu grupo, na verdade, mas ninguém lhes dava mais atenção do que a mim. Descobrir de uma vez só, aos 23 anos, que as pessoas te desejam é como se intoxicar de uma droga que o teu organismo não depura, que permanece no sangue e modifica estruturas cognitivas, a tua forma de falar e de se mover, e te imbui de um poder terrível e sem propósito, como se você tivesse um milhão em cédulas de uma moeda que só serve para comprar guloseimas, e se empanturrasse. Tudo o que eu tinha feito antes, considerado extraordinário para alguém tão jovem, como viajar e receber prêmios e publicar livros, me parecia uma perda de tempo. Eu acabava de sair da prisão.

Quando cheguei a Granada, tinha superado a fase do assombro. Não era uma principiante e, além do mais, agora dispunha dos meios necessários para que a vida fosse uma festa. Já não era necessário ficar de joelhos nos banheiros dos bares. Tinha casa e cama próprias. De manhã eu assistia a aulas de materialismo cultural e teoria feminista e de gênero e adquiria o arcabouço teórico que proporcionava transcendência a tudo o que eu fazia à noite. No Halloween, me fantasiei de louca trancada no sótão; no carnaval, depois de estudarmos a teoria da performatividade de Judith Butler, pus um vestido de festa justo, salto agulha e um cartaz no pescoço que dizia: MULHER. Fantasiar-se de objeto era o mesmo que ser um objeto, mas com distância irônica. As filas para entrar nos lugares da moda se encurtavam, os garçons te serviam na hora e com um sorriso de comercial, inclusive os trâmites administrativos eram mais rápidos. Eu não tinha do que me envergonhar porque me acostumara tanto com a atenção masculina que a desdenhava. Confundi minha inclinação para os desafios difíceis com lesbianismo. Embora nunca tenha utilizado esta etiqueta. A orientação sexual era um *continuum* e estava me aproximando do polo oposto do qual partira. O polo de partida nunca foi *real*. Tinham me educado numa moldura de heterossexualidade obrigatória que havia condicionado e limitado minha transição até a vida adulta, mas agora, finalmente, eu era livre. Recitava minhas novas convicções de um só fôlego.

    Uma noite, ou melhor, uma madrugada, conheci Milena. Estava com Lisa e Laura, duas amigas do mestrado, em uma das boates moderninhas do centro, e tínhamos conseguido MD.[36] Era um dia de semana e a pista estava praticamente vazia. Reparei numa mulher que dançava em círculos, com as mãos para o alto, no ritmo de uma música que não era a do lugar, mas uma que provavelmente tocava na sua cabeça, e supus que tínhamos tomado a mesma coisa. Estava acompanhada por cinco homens vestidos como ela, com moletons enormes e tênis esportivos. O disfarce masculino lhe dava um ar sexy, como se tivesse acabado de trepar

---

36 No original «M», forma abreviada em espanhol de MDMA.

e tivesse colocado a roupa do namorado, embora nenhum deles parecesse sê-lo. Bom pressentimento. A primeira regra é que não estejam rodeadas de mulheres. Pouco antes, enquanto estávamos na fila do banheiro, eu tinha explicado isto a Laura: se são heterossexuais, funciona no final da noite e, sobretudo, com as que se acham bonitas e se perderam das amigas na última boate por causa de algum imbecil. Sabem que se não acontecer um milagre acabarão na cama com o mais chato do grupo de caras com o qual ficaram e que farão isso por esporte, para fazer algo, provavelmente um favor. Se você se aproxima delas, sempre acham que quer roubar um dos símios que as rodeiam. Sabem que são símios, mas se sentem ameaçadas, não conseguem evitar. E então vem o *jab* direto, quando descobrem que você não quer flertar com eles, mas sim com elas. Se ficaram até essa hora, se bocejam mas não voltam para casa, é porque tinham a esperança de que ainda pudesse acontecer algo emocionante, e isto sim é emocionante, exótico, o que estavam esperando.

Quando me aproximei de Milena e a engoli com minhas pupilas tóxicas, soube que não se encaixava no perfil que eu havia descrito para Laura, mas ainda assim a abordei com a técnica habitual. Onde estão as suas amigas? Ela apontou para os homens que a rodeavam e que agora davam saltos no ritmo de uma música do Rammstein. Me disse que naquela noite tinha saído com seus colegas de apartamento e encolheu os ombros. Tinha dezoito anos e era de um vilarejo de Jaén. Não tinha tomado ecstasy, mas *speed* e absinto. Tinha acabado de chegar a Granada, estudava Belas Artes e fotografava balões de gás hélio — os que têm formas de coração ou de personagens de desenhos animados — quando aterrissavam em terrenos industriais ou em latas de lixo, depois que as crianças os deixavam escapar. Enquanto ela falava, eu via apenas seu lábio inferior, tão grosso que se partia no meio, e eu a arrastava pouco a pouco para fora da pista e em direção a uma parede, e, quando fiquei contra a parede, fui reduzindo pouco a pouco o espaço, e acariciei o seu cabelo, gosto do seu cabelo, é um cabelo tão macio, como de areia, e começamos a chamar atenção. Tinha uns vinte pares de olhos sobre nós, olhos de homens que se masturbam com pornô lésbico, então propus que saíssemos para fumar. Apertamos as mãos para não nos perder na área do bar, que estava lotada. Eu ia à frente, abrindo espaços vazios e galerias, e exagerava na estreiteza para que nos esfregássemos, e senti que, se aquilo se prolongasse, eu poderia simplesmente gozar, pelo calor que percebia junto às minhas costas e que sabia que era seu. Nunca mais as drogas me caíram tão bem como naquele momento.

Quando chegamos à rua, Milena tinha as bochechas banhadas de suor e, sob os neons da entrada, as gotinhas brilhavam nela como purpurina. Enlacei sua cintura com um braço, a atraí para mim e chupei seu lábio inferior, que parecia a ponto de explodir. Não retribuiu meu beijo, mas também não se afastou.

— Aqui não. Vamos para a minha casa.

Enquanto caminhávamos, começou a amanhecer e eu comecei a ficar cansada, então saquei o grama de MD e dividimos os cristais que tinham sobrado.

— Isto me lembra aqueles pozinhos efervescentes que eu chupava quando criança — disse ela —, só que aqueles eram agridoces e estes são apenas amargos. Você se lembra dos potinhos? Também tinha os cigarros de chocolate, mas proibiram.

Caminhávamos por um beco vazio com vista para o rio Darro. A calagem das paredes do Realejo refletia uma luz de aparição divina e estávamos absortas. Quando eu quis dizer algo, já não lembrava o quê, apareceram seus colegas de apartamento.

No início não me incomodou que me enchessem de perguntas nem que me afastassem de Milena, nem os elogios, nem o espaço interpessoal um tanto exíguo, mas um deles passou dos limites, me imobilizou para me beijar à força, e apesar da injeção de serotonina que circulava no meu sangue, capaz de fazer reinar a harmonia no inferno, perdi a paciência e comecei a gritar.

— Vamos deixar bem claro, porque acho que vocês estão confundindo. Estou aqui com ela.

Lancei um tapa no ar e atingi a cara do mais baixinho, que deu um pulo para trás e exclamou, revanchista:

— Não fica se achando a boazuda. Você é só uma vadia.

Apertei o passo e alcancei Milena, que tinha ficado atrás e caminhava sobre o meio-fio na ponta dos pés, como se fosse uma equilibrista. Quando pequena era ginasta, me explicou sorridente. E depois: vamos fazer uma selfie. Você é tão bonita que amanhã vou contar às minhas amigas que conheci uma atriz ou algo assim e com certeza elas vão acreditar. Dei risada e ela tropeçou. Eu a abracei para que não caísse, senti seus peitos contra os meus, e em um segundo tinha me esquecido dos assediadores. Eu mordia seu lábio pneumático sem que ela oferecesse resistência e tudo voltava a ser místico e perfeito.

— Preciso tirar a sua roupa *agora*.

Ela apontou o último portão da rua e disse que era a sua casa, que seus companheiros já tinham entrado, e era verdade porque estávamos novamente sozinhas naquele canto da Realejo. Começamos a correr e alcançamos o edifício em questão de segundos. Abriu a porta, peguei-a pelo braço e a fechei no elevador. Eu estava drogada, mas não louca. Me recusava a cruzar o batente daquele covil de estupradores em potencial, então tínhamos que nos virar com as dimensões de um caixão. Tirei seu moletom e vi um corpinho esbelto que ainda era de menina e dois peitos redondos que não eram de menina, e a virei bruscamente, como se eu não quisesse continuar vendo. Coloquei-a de cara contra a parede, abri o zíper da sua calça e comecei a acariciá-la por trás, com ambas as mãos, por cima da calcinha. Quando ficou úmida, transpus o tecido e deslizei para dentro dela, quase involuntariamente. Milena mexia o quadril para que meus dedos alcançassem algum ponto que não conseguiam alcançar e, ao fazê-lo, esfregava-se em mim, e aquilo me bastou para gozar, totalmente vestida, em menos de cinco minutos. Depois daquele milagre, quando ela me disse que era impossível terminar em pé, que precisava se deitar, não pude me recusar a subir para o seu quarto. Tirou meus dedos da sua boceta e os colocou na boca. O que eu poderia dizer? Apertou o botão do terceiro andar e me deixei arrastar.

Com um pouco de sorte já teriam ido dormir, sussurrou, e da porta tudo parecia calmo. Mesmo assim, tiramos os sapatos e percorremos o hall de entrada na pontinha dos pés para não fazer barulho. Seu quarto era forrado de fotografias de balões e de pôsteres da Ariana Grande. Tive um mau pressentimento ao me sentir vigiada, mas nunca fui supersticiosa, então nos jogamos na cama e continuei a masturbá-la. Enquanto o fazia, eu tentava abrir o sutiã com a mão que estava livre, mas não conseguia e fiquei obcecada, porque meu ex-marido sempre acertava de primeira, e como era possível que um homem controlasse aqueles ganchos melhor do que eu, e acho que me distraí da tarefa principal, perdi o tato e fui tão brusca que Milena deu um grito, não muito alto, mas o suficiente para atravessar as divisórias, e então uma voz de pai autoritário começou a gritar seu nome. Ela pulou da cama, se vestiu apressada e desapareceu na escuridão do corredor. Ao longe, ouviu-se um golpe, algo batendo no chão. Supus que tinha tropeçado e fiquei na cama fazendo testes com os ganchos do meu sutiã. Nada. Incapaz de abri-los com uma mão só. A minha percepção do tempo era flexível e não sei se passaram segundos ou minutos antes que Milena voltasse, mas irrompeu no quarto arrasada, com a cara congestionada pelo choro, vermelha e inchada como um de seus balões.

— Para de foder a porra da minha vida! Parem vocês todos de foder a porra da minha vida!

Demorei uns segundos para entender que não estava me atacando. Falava com as paredes.

Me aproximei dela como nos aproximamos dos animais perigosos, com cautela, e toquei de leve suas costas com os dedos. Estremeceu de um modo que me fez pensar que estava com dor.

— Você ainda está aqui! Obrigada!

Afundou a cabeça entre os meus seios e manchou minha pele com muco e lágrimas que acabariam se transformando em crosta. Logo começou a monologar entre soluços.

— Eu achava que as coisas seriam diferentes fora do vilarejo. Mas é a mesma coisa, a mesma, a mesma.

Voltei a mim de repente. Estava em pé havia doze horas e não sabia voltar para casa. Tinha que chamar um táxi. A noite havia acabado. Não dava para espremer nem uma gota. Quanto dinheiro sobrava na minha carteira? Comecei a recolher minhas coisas enquanto Milena me implorava para ficar para dormir, dizia que tinha medo de ficar sozinha, mas todos nós estamos sozinhos e eu não sei nada sobre você e não vim aqui para dormir. Inventei uma desculpa qualquer. Eu a vi pela última vez da porta, uma adolescente abraçada à sua almofada, chorando com a veemência com que não choramos nem os golpes mais duros, e pensei que eu já havia superado essa fase, e que bom, que alívio, como estava contente por não ser ela.

Depois de seis meses, para me despedir de Granada, voltei à boate na qual havíamos nos conhecido e encontrei um ecossistema completamente diferente, saturado de bebidas com canudinho e pirralhos de terno. Naquela noite não usei drogas, mas minha bebedeira era indigna, eu balbuciava cantadas de pedreiro e súplicas para uma colega de mestrado a quem mal dirigira a palavra durante o curso porque eu ficava vermelha e gaga em sua presença. Marie era tão bonita e heterossexual e comprometida que meu assédio humilhava a nós duas. Era evidente que eu queria fazer mal a mim mesma, encastrar minha autoestima numa parede de concreto, mas ela não merecia ser transformada na minha parede, então desisti, recobrei o juízo, me desculpei e saí do local com um italiano que passou a noite me rondando e que Marie achava muito bonito. Talvez trepando com alguém com mais chances de trepar com ela eu me acalmasse.

Fazia tempo que eu não beijava um homem. Me dei conta disso no sofá piolhento do apartamento estudantil no qual o italiano começou a me apalpar. Também lembrei que nunca gozo com os caras que não conheço, mas naquela noite a coisa era fazer por fazer, para não dizer que não fez. Mal nos tocamos. Ele tirou a roupa, eu tirei a roupa, eu estava por baixo e ele por cima. Me beijava com uma intensidade irritante, de amores em tempos de guerra. Coloca a camisinha, eu disse. Da primeira vez se fez de surdo e continuou babando em cima de mim. Coloca a camisinha, insisti, e toquei o pau dele para incentivar. Não tenho camisinha, respondeu. Muito bem. Então, *arrivederci*. Tentei me levantar e ele imobilizou meus punhos. Que porra você tá fazendo? Começou a investir aleatoriamente entre as minhas pernas, para ver se acertava o alvo, mas não era muito habilidoso, estávamos no escuro e ambos sem braços. Eu apertava os dentes e fazia força, como se estivéssemos numa queda de braço, mas, por mais que eu frequentasse a academia e por menos que ele pesasse, minha inferioridade era indiscutível. A voz do meu inimigo invisível sussurrou no meu ouvido: então não existem «diferenças determinantes» entre homens e mulheres, é? Então é tudo cultural? Meus gritos não foram de socorro, mas de raiva e de competição de halterofilismo. Por sorte, eles despertaram um colega de apartamento que naquela sexta-feira não tinha saído. Gritou o nome do italiano com uma entonação de pergunta, como para se assegurar de que estava tudo bem, de que não haviam entrado ladrões. Aquilo o fez me soltar e eu escapei correndo. Apanhei minha bolsa, meu vestido e meus sapatos na sala e saí nua pela porta. Me tranquei no elevador e só então me vesti.

Só vários meses depois é que pensei nos paralelos entre aquela história e a de Milena. Naquele momento eu só pensava em escapar, embora não estivesse assustada porque sabia que o cara não viria atrás de mim. Não era um psicopata de filme, só um estuprador de perfil médio. Na manhã seguinte contaria a seus amigos que trouxe para casa uma histérica, uma dessas que mudam de ideia no último instante e que te deixam com tesão, essas putas. Como não tinha medo, levei com certo humor o fato de que o portão estivesse trancado com chave. Mandei minha localização para Marie, que continuava na boate, e ela veio me resgatar. Tocou a campainha de vários vizinhos, mas nenhum respondeu. Eram 5h da manhã. Nos víamos através da grade da porta e nos comunicávamos por WhatsApp. A situação era tão absurda que eu tinha de tapar a boca para sufocar o riso. Depois de meia hora, passou um lixeiro pela rua e Marie explicou a nossa situação. Propôs que chamássemos a polícia, mas, antes de ir embora, apareceu no portão para ver a minha cara, para ver a cara da moça com quem acontecera algo tão rocambolesco, e reparou no que nenhuma de nós havia reparado. Um botão. Um botão branco na parede da entrada que abria a porta como um porteiro eletrônico. A noite inteira coloquei o meu orgulho à prova, o fiz em pedaços, e aquilo o pulverizou. Abracei Marie e a fiz prometer que guardaríamos para sempre aquele último detalhe.

— Tinha que ser um homem, puta que pariu!

Contei essa história tantas vezes que agora só me lembro do relato. Disso e do vestido de Marie, tão na moda naquele verão em que a metade das mulheres de vinte anos da Península Inditex se fantasiava de noiva. Branco e com renda. Quando me concentro naquela noite para ver a qual círculo do inferno ela conduz, penso que aquele vestido é a chave. Que tudo vai ficar bem se eu voltar no tempo e tocá-lo. Fala sério.

No dia seguinte me reuni com minhas amigas e lhes contei minha desventura tal e qual fiz aqui, sem omitir nenhum detalhe exceto o do meu bloqueio no portão. O que obtive em troca foi uma lista de agressões sexuais que me obrigavam a conceber a minha experiência como um rito de iniciação no universo do feminino. Elas contavam sem raiva, como quem se lembra de uma doença ou do dia da primeira menstruação, e percebi que insinuavam que eu era mulher porque havia passado por *aquilo*, que nem sequer competia em gravidade com a experiência de Sônia, cujo professor de arpa tentou estuprá-la em seu carro aos doze anos, e muito menos com a de Lúcia, que teve a bolsa roubada por um cara com uma navalha e que, insatisfeito com o butim, a obrigou a se ajoelhar na frente do seu pau para que tivesse um primeiríssimo plano dela enquanto se masturbava. Quis manchar seu rosto com sêmen, mas errou o tiro e ejaculou na parede. Ficou uma crosta seca na passagem subterrânea que ela atravessava diariamente a caminho da escola.

Escutei suas histórias com assombro. Aquilo não podia ser a regra. No México talvez, mas não na Espanha. Ou talvez na Espanha sim, mas não em Euskadi. Euskadi era um país civilizado e por isso os separatistas tinham razão e o membro tinha que ser amputado para que a gangrena não se alastrasse. De volta a Bilbao, tranquila e a salvo, eu poderia continuar defendendo o requentado ideológico que extraí de Preciado e de Butler, das autoras que sistematizaram o que eu intuía desde pequena, desde aquela viagem de carro na qual vi pela última vez o homem que me legou seus genes e que nem por isso é meu pai: não existe determinismo biológico, «mulher» é uma construção cultural, um clube que distingue e exclui em virtude de normas arbitrárias e ao qual eu deveria me sentir integrada, mas não me sinto. Ninguém, pelo mero fato de ter uma boceta, pode falar em meu nome; eu não assinei minha adesão, outros me inscreveram. Quando se levanta a cortina da performance, quando o clown tira a maquiagem, não resta nada característico, salvo as dores nos braços por ter lutado contra um oponente que não compete na tua categoria de peso, que não respeita as regras, mas quem disse que a vida é nobre como o boxe? *Man up*. As mulheres são umas choronas, mas você não precisa ser uma mulher.

CRÔNICA SEVILHANA

— É a primeira vez que venho a Sevilha — digo a Maria José quando me pega no aeroporto, mas imediatamente me corrijo: — Bem, na verdade estive aqui antes, mas não me lembro.

Ela desvia o olhar da autoestrada e me olha entre divertida e surpresa. Com certeza espera o relato de alguma bebedeira catastrófica que tenha eliminado qualquer recordação da minha visita anterior à cidade. Leu *Modelos Animales* — me convidou para dar uma oficina a partir de um dos contos do livro, que é todo vísceras e loucura — e parece inevitável que tenha uma imagem de mim que não corresponde à pessoa que encontrou. Não me encaixo na minha personagem. Sou esta voz esganiçada e sorriso nervoso e saltinhos femininos que ninguém entende que são um disfarce. A *drag queen* mais bonita do show. Esta sou eu. Mas me calo. Apenas esclareço a minha última frase.

— Tenho 28 anos e dez meses, e até há 28 anos e um mês eu vivia aqui.

Os neurologistas negam que possamos construir memórias conscientes em idade muito precoce, então minha vida em Sevilha, onde dei meus primeiros passos, não existe. Só aspiro a imaginá-la.

— Em que bairro?

Não sei, mas pego o celular e mando um WhatsApp à minha mãe para averiguar.

«No Albaicín», me responde.

«Mãe, o Albaicín fica em Granada.»

Faz confusão porque, antes de eu nascer, ela viveu em diferentes cidades andaluzas. Ela e meu biopai eram jornalistas e se mudavam de redação em redação. De algumas escapavam, de outras eram expulsos. Uma das histórias preferidas da minha mãe é aquela sobre a sua experiência fugaz na rádio COPE. Por intermédio de um conhecido, lhe designaram um pequeno espaço dedicado à atualidade cultural na AM e, vendo que funcionava bem, a promoveram para a FM. Nunca entendi por que teve de falar sobre aborto num programa de entrevistas a escritores, mas o fato é que o fez e os alarmes da emissora soaram. Quando o chefe se aproximou de sua cabine para comentar o incidente (primeiro aviso, cartão amarelo), encontrou-a pintando as unhas dos pés sobre a mesa de som e a demissão foi imediata.

Ela se gaba até hoje dessa história, conta-a com orgulho como quem recorda as travessuras adolescentes. Não acho graça porque ela não era uma adolescente. Tinha 27 anos, precisava do emprego e estava a ponto de ficar grávida de mim. Um pouco de maturidade! Claro que a minha opinião também não conta porque estou há dez anos aperfeiçoando a arte de odiá-la por bobagens desse tipo. Quem dera eu tivesse tido uma mãe que me maltratasse ou, pelo menos, uma daquelas descuidadas, das que esquecem o seu aniversário e a hora da saída da escola e logo tentam consertar a situação comprando bonecas que você não quer. Mas me coube o pior, a abnegação. Outra história que escutei mil vezes é a de como abandonou Sevilha, e com Sevilha meu pai, e com meu pai seu cargo no jornal, para voltar a Bilbao e se dedicar a mim. Arranjou um marido que soubesse cuidar de mim, e estudou para concursos de auxiliar de justiça que lhe garantiriam um salário fixo. Optou pelo tédio.

— Triana. Morávamos em Triana.[37]

Maria José me disse que era longe de onde estava hospedada e noto que diz isso com pesar. Por algum motivo, fica interessada nessa história sobre como volto a uma cidade na qual fui bebê, talvez mais do que lhe teria interessado uma ficção sobre anfetaminas e amnésia.

— Por que não acorda bem cedo amanhã e pede a um taxista para dar uma volta pelo bairro? Você tem tempo.

O plano não me convence, mas percebo que estou na expectativa, com vontade de comprovar se visitar Sevilha vai ser diferente de visitar qualquer outro novo destino e, mesmo que seja impossível lembrar, vou sentir que algo ressoa.

Ao sair do carro me despeço da minha anfitriã e, às escondidas, como se fosse ilegal, engulo um Redbull em dois goles e me perco por ruelas em busca de um bar com terraço. Encontro coisas familiares, um pouco de Granada e um pouco de Córdoba, cidades nas quais, como minha mãe, também vivi antes dos 28. Não há como enfrentar o novo sem compará-lo com o conhecido. Já aconteceu comigo no México. Me custou entender que a paisagem existia por si só e não como uma antítese da Europa, que já existia antes e não passou a existir depois, e, mesmo que eu tenha aprendido a observá-la a partir do interior, na semana passada visitei Lima e tudo o que encontrei foi a Cidade do México. Minha experiência no Peru foi a experiência de não estar no México, e algo semelhante acontece comigo aqui, em Sevilha, que não é Córdoba nem Granada. Te servem a cerveja sem ceceio nem aperitivo e eu também sou outra. Já não tenho vinte anos, nem minhas pupilas

---

37 Bairro de Sevilha que margeia o rio Guadalquivir.

se dilatam com cada detalhe. Estou de passagem e cansada. Pelo menos no terraço bate sol.

María José me intercepta de novo uma hora depois, quando estou coberta de sementes que choveram sobre mim de uma árvore próxima. Não me dei conta porque estava absorta olhando o celular. Ontem à noite nasceu minha sobrinha. Fiquei digerindo a avalanche de fotos e caretas de um ser que mal lembra a nossa espécie e li a palavra «períneo» em várias ocasiões. Comento a notícia e encerramos o assunto com um «como são lindos quando são dos outros», embora a maternidade seja um assunto que me ronda desde que completei a idade em que minha mãe se tornou mãe. Quando me lembro de histórias como a de sua demissão na COPE, sinto-me mais capaz de cuidar de um bebê do que ela, mas, por outro lado, sou a pessoa menos capaz de fazê-lo. Tem a minha fobia de ruído, os colapsos depois dessa festa na qual havia muita gente e a necessidade de viver isolada para me purgar, as 24 horas de silêncio depois de uma reunião familiar, 48 depois de um voo com turbulências. Sempre que aterrisso penso que vou morrer e descubro que não me importo muito. Na verdade, sou tomada por uma paz hipnótica, de benzodiazepinas ou de domingo de manhã quando a casa está tão suja que jogar uma bituca a mais no chão não importa. Mas depois, durante dias, recordo o episódio e tenho medo. Não, não posso ser mãe, nem ser a minha mãe, que virou adulta de repente, nesta cidade, porque não teve outra saída. Poderia ser meu biopai, isso sim. Tenho o arquétipo de Sylvia Plath gravado nos meus curtos-circuitos sinápticos. No último Halloween me fantasiei dela, fabriquei um forno de papelão e meti a cabeça dentro, e fiz isso para expressar que me percebo como a percebo, parindo por um desejo que não é meu, parecido com a ânsia consumista, com a necessidade de adquirir produtos do televendas que não são necessários, que se acumulam no sótão ainda na embalagem, mas não há sótão que embale um bebê. As mulheres loucas e os filhos incômodos são animais do sótão.

María José me põe em dia sobre o ciclo de conferências do qual participo, sobre a inépcia burocrática das secretarias de Cultura, sobre o tamanho das refeições (aperitivo, média e inteira). O dia está mais fresco e claro. As fachadas caiadas da Andaluzia existem para esta luz que ricocheteia de calçada em calçada e deslumbra. Retiro as lascas de presunto do *salmorejo*,[38] mas não sou meticulosa. Várias afundam na espessura da sopa e eu as busco conscientemente, para engoli-las. Um deslize na minha dieta vegetariana, apenas um retrogosto de sal. Imponho-me normas para transgredi-las, para assinalar datas concretas do calendário. No mês passado, por exemplo, completaram-se dois anos da morte de Gari e lhe prestei homenagem comendo carne, um bife na brasa daqueles que sempre me oferecia e que eu recusava, alface e tomates, mas de um vermelho bélico, da horta. O cheiro da brasa e o retrogosto de gordura queimada me torturaram durante horas, inclusive depois de tomar banho e escovar os dentes. Mas suponho que esse era o objetivo, que a recordação se alojasse entre as mandíbulas cerradas, para não a deixar ir embora.

É fácil encontrar o caminho de volta para o hotel e, depois de um tempo, preparada a minha fala, chego à livraria sem nem consultar o GPS. Tudo está num raio de três quarteirões, mas meus problemas de orientação são graves. Na semana passada, por exemplo, me perdi no hospital de Gorliz para o qual transferiram Zuriñe, num edifício centenário em frente à praia, que no início do século XX foi um sanatório para tuberculosos e que conserva

---

38 Creme geralmente servido como entrada, típico de Córdoba, na Andaluzia, preparado com tomate, alho, pão e temperos. Pode ser acompanhado de presunto picado.

a majestade dos balneários para ricos, cenários de *A montanha mágica* de Thomas Mann, mas que, com o passar do tempo e com os descascados que o salitre provoca na pintura, lembra mais um hospício abandonado. A área é imensa e tem vários andares, por isso, assim que cheguei, liguei para Zuriñe para pedir instruções. Recebi uma série de ordens confusas, sai do elevador no primeiro andar, segue a linha verde, vira à direita, abre a porta que dá para o terraço e, depois disso, abre outra porta. Não entendi muita coisa, mas achei que os enfermeiros me orientariam e adentrei num labirinto de corredores e de passarelas que se comunicavam com mais corredores, todos desertos exceto por um paciente que me pegou de surpresa, senhorita, senhorita, tem fogo?, e a quem dei o isqueiro como teria dado a carteira se ele tivesse me pedido. Saiu correndo por uma porta que, afinal, era o terraço e só a partir dali consegui me localizar. Depois, quando contei a Zuriñe, ela me censurou por ter dado fogo a um homem com demência senil, mas como eu ia saber o que ele tinha? Não achei que estivéssemos num asilo! Me disse que ela era a única paciente com menos de 75 anos na seção de traumatologia. No andar de cima, onde ficam os terminais, há de tudo, mas o quadril só as velhas quebram, disse. Fomos para a varanda com vista para o mar, mas preferiu que eu a ajudasse a se sentar de costas para as crianças que se esparramavam nos tobogãs aquáticos, instalados junto ao grafite «Anistia» do píer que já estava ali quando nós duas nascemos. *Welcome to Dismay-land*. Agora, pela primeira vez, sinto que se respira um ar mais limpo longe da costa.

Antes de me perder no hospital de Gorliz, já tinha me perdido em Basurto, no centro histórico de Bilbao, no campus da UPV[39] e até numa casa de campo em forma de U da qual nunca

---

39 Universidade do País Basco.

consegui escapar sem ajuda, mas em Sevilha avanço com segurança e fantasio que a memória espacial é anterior à biográfica. Talvez eu conserve um mapa antigo de Sevilha, um esquema de ruas que são ativadas conforme as percorro: agora a Carmen Benítez; agora a Recaredo; à esquerda, a Muro de los Navarros. Uma entrada estreita e saturada de prateleiras desemboca em um salão maior onde há cadeiras e público. Estão me esperando. Vim falar sobre *Famous Blue Raincoat*, uma história inspirada na canção de Leonard Cohen, e Cohen acabou de morrer. Soube pelo rádio enquanto tomava banho e comecei a chorar. Para mim não são os cheiros como era para Proust; para mim é sempre a música e, nesse caso, os últimos flashes da minha adolescência, uma época em que estar no mundo era descobrir um cânone que nossos pais viram se formar ao vivo: Pink Floyd, Bob Dylan, Bruce Springsteen, Van Morrison, Tom Waits, um longo etcétera, e no pódio Leonard Cohen. Saí do banheiro com os olhos avermelhados e entrei no escritório de Iván, duelando no Twitter, para lhe demonstrar que ainda sei recitar as três estrofes de *Suzanne* e as quatro de *Hallelujah*. «I heard there was a secret chord that David played and it pleased the Lord, but you don't really care for music, do you?»

Iván *does not care for music*, mas quando eu escutava essa canção sem parar vivia com meu ex-marido e ele não teria entendido meu ataque de choro por um canadense ao qual só me vinculam um punhado de rimas e recordações estranhamente vívidas: ter dezoito anos e perguntar ao Google quem era David e quais são os acordes secretos; ter dezenove e escrever um romance protagonizado por um pianista afásico a quem o pai chamou de Dylan, mas que teria preferido se chamar Leonard; ter vinte e discutir com uma amiga sobre o significado destes versos geniais, «Jesus was a sailor when he walked upon the water», e desejar que meu marido fosse ela, que, sim, conhecia o gospel; ou completar 23 e estar finalmente nua em sua cama, doidona de MD, cantando «first we take Manhattan, then we take Berlin», e ela que de repente me interrompe: já está na hora de escutar música do seu século, querida. E eu que comece a tocar Disclosure e dê início à minha fase de eletrônica.

María José me apresenta. Recita meu currículo, acrescenta um par de frases elogiosas de sua autoria e, num gesto teatral, liga os alto-falantes para que trovejem os primeiros acordes em 3 por 4 de *Famous Blue Raincoat*. Há um homem cego na primeira fila que escuta de olhos fechados. O resto do público cantarola. Vou lhes falar daquilo que existe no mundo e pode dar origem a uma ficção: da autobiografia, da imprensa, da História, dos textos dos outros. Insisto que as barreiras entre a crônica, as memórias, a autoficção e a ficção são inexistentes, porque escrever é recordar e recordar é sempre um ato imaginativo. Escrevemos para registrar quem éramos há um instante, quando nos sentamos diante do editor de textos e como não temos pistas, inventamos. Às vezes somos parasitas de ficções alheias, nos apropriamos do passado para que nos inclua. Não estava no roteiro, mas começo a falar como acadêmica da corrente pós-colonial que apostou em fazer versões dos clássicos, de Jean Rhys e de Coetzee, dos autores das nações recém-emancipadas do império que descobriram, como as primeiras feministas, que lhes fora imposto um cânone no qual jamais falavam sua voz, nem sequoias, nem graviolas; que as virtudes de Shakespeare eram exaltadas como mais um exemplo da superioridade do homem branco. E o que se pode fazer com o legado de nossos pais quando é um legado que humilha, mas é o único que nos resta? Chega-se a um acordo. Reescreve-se. Profanam-se as suas tumbas.

Por pouco não cheguei a Sevilha porque anteontem perdi meu RG pela terceira vez só neste ano. Por sorte, guardava um passaporte vencido com o qual me deixaram voar, mas não consigo parar de pensar nessa obstinação em me desfazer dos meus documentos que me acompanha desde que era adolescente. Naquela época, a carteira de identidade fazia parte do campo de batalha, significava o sonho de um plástico distinto e melhor, sem aquela palavra com «ñ» que nos dava vontade de vomitar, e, apesar de me expor a várias sanções, eu a substituí pelo documento ilegal que os coletivos separatistas expediam. Mas aquele eu também perdi. No fim das contas, não eram tão diferentes porque nem sequer no meu país imaginário me deixavam prescindir do segundo nome que me foi imposto sem o consentimento materno, nem mudar a ordem dos meus sobrenomes, nem me livrar do meu biopai no verso onde estão inscritos os vínculos familiares. O Estado repressor pelo menos foi me concedendo caprichos ao longo dos anos. Aos quinze deixei de ser Aixa Zulema, aos dezoito antepus De la Cruz ao Pérez, aos dezenove mudei de solteira para casada, aos 22, de casada para divorciada, e aos 24, porque já estava na hora, atualizei meu endereço postal. A única informação que nunca mudou é a que me define como filha de minha mãe e de um homem que não conheço, ele na frente dela.

Enquanto eu esperava no portão de embarque, digitei pela primeira vez «é possível anular paternidade» no Google, e cheguei a um artigo do Código Civil do qual não entendi nada e do qual tampouco esperava grande coisa. Depois de tudo, conheço as queixas dos coletivos feministas que há tempos denunciam que os juízes costumam se mostrar contrários à anulação do pátrio poder dos abusadores que eles colocam na cadeia, o que significa que vivemos em um sistema no qual a herança é mais sagrada do que a liberdade. Suspeito que o título de pai seja como o título de doutor, vitalício embora muito mais fácil de obter, sem o pagamento obrigatório das taxas, sem exames e sem os quatro anos de dedicação exclusiva que uma tese exige. Os direitos de paternidade sem contrapartidas são o preço simbólico que pago por não ser uma bastarda. Na década em que cresci, os filhos de mães solteiras eram filhos «não reconhecidos» e a lei lhes concedia exceções, permitia mudar a ordem de seus sobrenomes para camuflar sua desonra. Mas, em 2017, desonra é carregar a vida inteira o nome de um desconhecido no verso da carteira de identidade. Não me admira que o RG escorra entre os meus dedos.

Seria uma bela forma de vingança escrever a biografia não autorizada do pai que não conheço, insultá-lo com nome e sobrenome e outras monstruosidades colhidas por mim, penso minutos mais tarde, quando alguém do público menciona a polêmica suscitada pelo último livro de Elvira Navarro. Quem se atirou na jugular de Elvira foi Víctor Erice e com ele toda a massa cibernética, porque ela publicou um livro que reflete sobre a impossibilidade de escrever a memória dos mortos a partir da figura de Adelaida García Morales.[40] A protagonista, uma diretora de cinema que está gravando um documentário sobre a autora de *El sur*, entrevista pessoas que a conheceram e o que obtém é um relato grotesco, inverossímil, que os desacredita como testemunhas. Mas Erice e outros leitores leram *Los últimos días de Adelaida García Morales* como uma tentativa de biografia autêntica e acusam Elvira de difamação. De nada adiantou invocar os conceitos pós-estruturalistas nem apelar para os limites nebulosos que separam vida e literatura. Ninguém quer ver o próprio nome manchado porque, como diria Aresti,[41] sabemos que o nome é o ser e que não somos senão o nosso nome. Mas eu tive pelo menos três diferentes.

Falo muito rápido porque é a minha forma de enfrentar o pavor do palco e, em menos de três horas, toquei em todos os temas que trouxera preparados e em muitos outros. Estou com sede e

---

40 Adelaida García Morales (1945-2014), escritora espanhola. Foi casada com o cineasta espanhol Víctor Erice entre 1970 e 1990.
41 Gabriel Aresti (1933-1975), escritor, poeta e acadêmico basco.

enjoada de ouvir a minha voz. Peço ajuda e María José encerra o evento. Depois de assinar um punhado de exemplares, ela e sua namorada me levam a um bar no qual viro um litro de cerveja antes de entrar na conversa. Sei que esta noite vou embora cedo. Gosto delas, mas não estou confortável. Sinto que me julgam. Faço um resumo do dia, do que eu disse, do que elas disseram, procuro qualquer detalhe que possa ter nos ofendido mutuamente e não encontro nada, então esse mal-estar deve ser o que a comunidade lésbica me suscita, nem mais nem menos. Me tornei homofóbica no sentido etimológico, no qual prevalece o componente de medo, que merda. Sei que não vão me censurar, ao contrário das minhas amigas de Granada, por ter optado por um homem, pela opção normativa, a mais fácil, a que não dá problemas. Não vão fazer isso porque nem sequer me conhecem, mas carrego a sabotagem por dentro e me ponho em alerta. Houve uma época em que o sexo era sexo, e a política, política. Logo as coisas se misturaram. Ou conheci gente demais que as misturava, gente que concebia o desejo como uma ferramenta de ação militar, e uma coisa do outro mundo, *my body is not a temple* e não sou aquilo que como, mas aí está o discurso e aí, a culpa. Dei razão à minha mãe, que dizia que as mulheres eram uma fase, um dos meus experimentos exóticos. Eu a odiei durante anos por isso, e agora vou odiá-la por quê? Estou ficando sem desculpas.

Apesar do cansaço acumulado, durmo muito pouco. Me esqueci de fechar as persianas e desperto quando amanhece. Pego um táxi até a estação da qual sai o ônibus para o aeroporto e deixo a mala no guarda-volumes. Logo vejo uma ponte e a cruzo. Fotografo o fluxo e os barcos turísticos, com os restos da Expo' 92 ao fundo, envio as imagens para a minha mãe e apresso o passo.

Filha, não vai se meter nas 3.000 Viviendas.[42]

Estou me afastando do centro porque desaparecem as marcas históricas e brotam os salões de beleza que não são franquia de nenhuma marca de xampu, mas não sei para onde me dirijo. Sevilha continua me transmitindo a segurança de que não vou me perder, e quero desfrutar dessa sensação que é nova e que me permite caminhar por caminhar. Resisto a abrir o mapa até que a autoestrada me detém. Aonde estou chegando? O ponto azul do geolocalizador me situa às margens de Triana.

Estás aqui por ti acaricia esta ideia
de carne como a liberdade no vaivém das trevas.

Recordo esses versos com os quais me consolava quando fugi de Madri a Llanes com a roupa do corpo e sem carro e completamente sozinha e me sinto imersa numa história com estrutura literária. Sem querer, cheguei ao bairro no qual aprendi a andar. Começo a tomar notas e a decidir o ângulo a partir do qual escreverei esta história, porque com certeza está aqui para ser escrita, senão para quê? Dou meia-volta e me perco por ruelas que parecem congeladas nos anos oitenta e agora estou pronta para ver a minha mãe empurrando um carrinho de bebê com o seu cabelo armado e a sua minissaia de couro. É tão jovem ou tão velha quanto eu. Mais jovem porque viveu menos, ou de modo diferente. Encontrou sua melhor amiga na rua com uma seringa no braço e, justamente por isso, nunca experimentou drogas. Disseram-lhe na redação que meu biopai já não esconde mais seu rolo com a garota do teletipo e se prepara para um término pior do que todos os que vivi, porque

---

42 Las Tres Mil Viviendas é um bairro não oficial de Sevilha dividido em seis partes, duas delas famosas pela violência.

para ela será o único. Os ciganos do bairro lhe dizem que está se estragando, que tão jovem e bonita com certeza encontra um homem bom, apesar de ter uma filha. A filha é uma desvantagem, mas é a única coisa que tem. Leva-a para dar um passeio no parque María Luisa e, de vez em quando, montam nas charretes que vi paradas em frente à catedral. Sempre gostei de cavalos. Como a minha mãe devia se sentir triste e sozinha a bordo dessa atração para turistas apaixonados enquanto ponderava suas opções. E mesmo assim me fala de Sevilha com nostalgia, do quão gorda fiquei de tanto me entupir de iogurte cremoso e do quão rápido comecei a andar; das primeiras palavras que aprendi e de como as gritava com um tom tirânico desde o berço: Ana, vem. Há algo de admirável na alegria despreocupada que a caracteriza. *She doesn't look back in anger.* É incapaz de sentir rancor. E por isso a julguei mal quando fui para a terapia e decidi que ela era a origem do meu sentimento de culpa, que me arruinou com aquela história dos sacrifícios que teve de fazer para cuidar de mim. Deixou tudo o que tinha nesta cidade por mim, é verdade, mas não se arrepende disso. Sou eu que vejo censuras onde elas nunca existiram.

Ainda faltam duas horas para que meu ônibus saia e quero levar algo deste lugar, um suvenir, uma foto dos varais com calcinhas gigantes que ocultam o céu, mas deixa quieto, muito clichê. Caminho de volta ao Guadalquivir e me vejo refletida nos vidros de uma mercearia, com o cabelo comprido e liso, oleoso, queimado pela chapinha. O local contíguo é um salão de beleza desleixado daqueles que povoam o bairro, e não há clientes.

— Pode cortar meu cabelo?
— Quanto?
— Muito.
— Agora?
— Sim.

Quem me atende é uma mulher sul-americana lindíssima, daquelas com as quais não posso evitar me comportar como se quisesse convidá-las para jantar. Eu a divirto. Nos tratamos como se já nos conhecêssemos. Aponto a altura das minhas orelhas e ela corta. Aponto as minhas sobrancelhas, e a mesma coisa. Com o cabelo molhado brotam os meus cachos e ela me repreende por escondê-los.

— Você está muito mais bonita assim, como uma atriz francesa.
— Então capricha no borrifador.

Já estou chegando à idade de assumir que o meu cabelo é cacheado e que a minha mãe não é a origem de todos os meus males. Já tenho idade para ser minha mãe. É a primeira vez em muito tempo que tenho vontade de falar com ela e digo a mim mesma que ligarei para ela assim que sair, que me sentarei num bar para comer algo e lhe contarei tudo o que vi e entendi ao longo desse passeio. Mas funciono por impulsos, e se não os sigo na hora a motivação se esvai. Quando me sento no café da estação com uma cerveja e um prato de batatas, começo a revisar as notas que fiz para escrever uma crônica sobre a minha visita a Sevilha, um texto com epifania final, a história de como perdoei minha mãe ao visitar a cidade na qual me criou, com a mesma idade que ela tinha quando eu nasci. Entrego-me a essa tarefa e não a ligar para ela. Será que ainda não acredito que a história seja verdadeira? Não será até que eu a escreva. Então sim, então emendarei as coisas, mas até então o arco narrativo segue aberto.

MUDAR DE IDEIA

Maixa me aconselha a pronunciar todas as sílabas, sem dar uma de londrina, a não me estender muito nas questões teóricas, a testar o equipamento de informática antes que a defesa comece, a ser humilde, a tomar notas sobre as perguntas e sugestões da banca e a convidar os membros para comer num restaurante com menu fixo. June considera a ideia do menu muito cafona e me sugere um bufê na faculdade, uma citação de Weber, meio lexotan no café da manhã e se oferece para me levar de carro até Gasteiz.[43] Aceito a bibliografia e a carona.

Saímos de Bilbao com minha mãe, minha prima e meu namorado espremidos no banco traseiro, com a luz da reserva de gasolina piscando, histeria coletiva e conversas que se sobrepõem. Não é de estranhar que passemos direto pelo posto de gasolina da A-8. Por alguns quilômetros muitos tensos, contemplamos a possibilidade de ficar parados na autoestrada e descubro que para mim tanto faz. Para mim tanto faz chegar ou não chegar, me tornar

---

[43] Nome basco da cidade Vitoria-Gasteiz ou apenas Vitoria, sede oficial do Parlamento e do Governo da comunidade autônoma do País Basco.

doutora ou não. Minha indiferença está na cara. Eu, que coloco salto alto até para ir a bar com chão de serragem, sou a mais malvestida da aula magna, tenho o cabelo sujo e restos de remelas nos canais lacrimais.

Nada disso importa porque já passou.

Minha indiferença é fruto de um paradoxo temporal: atravesso uma memória.

Há um único instante no qual o roteiro apresenta falhas, as famosas *faultlines* de Alan Sinfield — citado na bibliografia geral, página 367 —, e é quando toma a palavra o professor catedrático, o único homem da mesa, e quem a preside. Não entende o capítulo no qual analiso o impacto que teve o escândalo de Abu Ghraib na representação das mulheres violentas, ainda que minhas únicas contribuições originais apareçam nessa seção. Imediatamente depois do 11 de Setembro, o conservadorismo americano aproveitou a confusão para se lançar contra o feminismo da igualdade. A América havia sido atacada porque seus inimigos a percebiam fraca, porque os homens já não se comportavam mais como homens. As séries produzidas naquela época refletem a volta dos papéis de gênero clássicos, «Salvar a líder de torcida, salvar o mundo», com heróis de inspiração western como Jack Bauer e mulheres indefesas e estúpidas. Mas à medida que nos afastamos do *Ground Zero* a tendência se inverte. Tem início um período marcado pelas personagens femininas, mulheres com catana, com distintivos do FBI e da CIA, que quebram os códigos binários combinando o melhor dos dois mundos. Podem cortar cabeças e ser mães, podem ser andróginas e reivindicar a tão menosprezada intuição feminina, sem curtos-circuitos, ao mesmo tempo.

Conto ao presidente da banca que as heroínas irrompem muito tarde nos gêneros de ação porque o discurso essencialista sempre divulgou a passividade e a doçura que nos são próprias. Até a agente Ripley, as únicas mulheres violentas que aparecem na tela são descendentes de Medeia, monstros de filme de terror. E há um setor do feminismo que se baseia nesses preconceitos. É o feminismo que sempre fala em feminilizar as instituições, como se incorporar as mulheres na política ou no exército tivesse um efeito civilizador por si só, como se todas fossem santas e a sua santidade, contagiosa. É o feminismo que me irrita e que sofreu um duro golpe quando vazaram as torturas de Abu Ghraib. A sociedade americana não ficou chocada porque seus militares torturaram, mas sim porque *as soldadas* também o faziam. As imagens que se tornaram icônicas são aquelas nas quais Sabrina Harman e Lynndie England posam sorridentes ao lado de um monte de iraquianos nus. A única coisa boa que saiu daquele horror foi o questionamento dos valores *inatos* de cada sexo, senhor presidente, dando origem a personagens híbridos como os que analiso ao longo do último capítulo.

O senhor presidente não quer entrar em polêmicas, me diz, mas tampouco guarda sua opinião para si.

— Cada vez que uma dessas filósofas que a senhorita menciona me vem com essa história de que não existem diferenças entre os dois sexos, me dá vontade de fazer uma vaquinha para que estudem medicina ou biologia, simples assim.

O silêncio que precede a minha resposta cheira a sangue, à possibilidade de sangue. Mas deixo que a bala assobie perto do meu ouvido e encaixo o comentário com a simpatia de uma aspirante a miss.

A banca retorna das deliberações enquanto aqui, no presente a partir do qual escrevo estas linhas, aguardo que seja proferida a sentença sobre o julgamento do estupro das Festas de São Firmino. No presente a partir do qual escrevo, estou muito mais nervosa do que dentro do texto, onde desenho florezinhas no que será meu último caderno de estudante, e não reparo que todo mundo espera que eu faça alguma coisa. Maixa pigarreia até conseguir chamar minha atenção. Tem os olhos arregalados e gesticula como um DJ antes da típica explosão da tech house. Finalmente entendo. Isto é como um julgamento e, se não me levanto, não leem a minha sentença. Acato o protocolo e finjo estar surpresa que tudo saia conforme o esperado, que me felicitem e assinem a ata de defesa e me deem as boas-vindas a este novo clube e a este novo pronome de tratamento do qual só a morte vai me separar. Doutora De la Cruz para o resto da vida.

E agora?

Maixa me manda o link de um estudo sobre a incidência de doenças mentais entre doutorandos e pesquisadores. June me ajuda com os documentos para solicitar o seguro-desemprego. Maixa me aconselha a dividir minha dissertação em quatro ou cinco artigos e publicá-los em revistas especializadas, enquanto June prefere o formato monográfico. Ambas me advertem sobre a crise existencial que me aguarda e eu lhes digo que estou a salvo porque tenho um plano, um plano alternativo. Se um prego se arranca com outro prego, o vazio que uma tese de doutorado deixa é preenchido com um romance, ou com algo parecido com um romance, algo que talvez se aproxime do gênero das memórias, embora eu prefira pensar em confissões, como as confissões criminais que circulavam pela Inglaterra do século XVIII, não lhes dizem nada? Eram panfletos editados pela Igreja com intenção educativo-dissuasiva nos quais se narravam as carreiras criminosas dos condenados à morte. Alguns teóricos defendem que eles impulsionaram a ascensão do romance, porque os leitores sempre queriam mais e não havia réus suficientes para tanta demanda, então apareceram os escritores profissionais para supri-la. Como podem ver, a confissão é a origem do nosso ofício. E, talvez porque eu tenha sido criada num ambiente laico, para mim a culpa não parece algo tão terrível. A culpa é o material com que se fabrica a justiça poética, o castigo para as penas que prescrevem ou não se normalizam... Enfim, esta é a ideia: narrar a minha trajetória, os meus trinta anos de delitos menores, para demonstrar que quase tudo o que me envergonha tem a ver com um defeito tão paradoxal quanto o da misoginia.

June parou de me ouvir há algum tempo. Maixa avalia meu projeto com um grunhido. Pede exemplos das minhas afrontas contra as mulheres e lhe falo de uma bolsista Erasmus que arrastei para o banheiro de um bar com a desculpa de oferecer droga, e de como lá dentro lhe pedi que ficasse comigo em troca; de como abandonei Milena num contexto que me parecia perigoso enquanto ela me implorava para que não a deixasse sozinha; da namorada de Manu, do tanto que a assediei para chegar ao ponto de parar de responder às minhas mensagens... Ela me interrompe antes que eu termine a lista.

— Não é a mesma coisa você fazer e um homem fazer.

— Não estou dizendo que é a mesma coisa. Estou dizendo que é igualmente reprovável.

— Discordo.

Estamos no início de outubro de 2017, então falta muito pouco para que estoure o caso Harvey Weinstein e que a *hashtag* #MeToo domine nossos *feeds* e *timelines*. O tuíte que detona a reação em cadeia será publicado no dia 15 e descobrirei o fenômeno no dia 19, quando começarem a surgir as primeiras vozes críticas no feminismo, as que lamentam, por exemplo, que a exposição sempre recaia sobre as vítimas e que exigem que os agressores, para variar, deem um passo à frente. Apoiarei essa iniciativa e o farei dando o exemplo, reconhecendo que sim, eu também assediei, mas não passará pela minha cabeça me colocar na posição de quem denuncia, ainda não terei cruzado a linha fantasma que, no ensino médio, me separava das carteiras das meninas, nem terei entendido o significado da violência sexual contra as mulheres, sua função disciplinadora. Caberá a mim contar às minhas netas que participei do #MeToo a partir da perspectiva do travestismo. Me sinto mais confortável com a confissão do que com o testemunho, mais como culpada do que como vítima, porque continuo apostando no lado vencedor das moedas: entre pátria ou morte, pátria; entre ordem e caos, você já sabe.

— E você o que acha, June?

June sim se deixará incluir na demanda coletiva, enumerando no seu *feed* do Facebook uma coleção de agressões sobre as quais nunca se permitiu falar, mas que uma vez compiladas e transcritas virão à superfície como erupções quentes ao toque, como uma armadura de defesa. No exemplo com que Freud ilustrava o trauma, um homem sobrevivia a uma batida de trem, caminhava aparentemente ileso até a sua casa e, uma vez salvo, manifestava os primeiros sintomas de sua claudicação. June está a ponto de chegar em casa, a ponto de somatizar um corpo cheio de cicatrizes e de exibi-las com o mesmo orgulho desafiador com que Zuriñe me mostrou as suas. Mas ainda não chegamos a esse ponto; continua sendo a amiga que te ama de má vontade porque não suporta se olhar no espelho.

— Se vai escrever um romance sobre a culpa, melhor ser culpada de algo maior.

Eu sou, sei que sou. Ainda não encontrei a forma para narrá-lo, mas vou me trancar até que saia, com a mesma rotina da tese, tomando café da manhã e almoçando na frente do computador e jantando só quando Iván me tirar do escritório aos berros. É um milagre que ele ainda esteja aqui. Sei que no início, quando descobriu que não havia vida depois da tese, cogitou me deixar. Bebia sozinho na cozinha num gesto de concentração tão evidente que eu imaginava que era possível ouvi-lo pensar, que seu cérebro rugia como a ventoinha da geladeira e como os cupins dos móveis e que aquele era o ruído que as placas tectônicas fazem antes do apocalipse. Achei que tudo estivesse perdido quando, de repente, mudou de estratégia.

— Tenho uma ideia para um romancezinho tipo *Clube da Luta*. Fala de um cara que se apaixona por uma feminista e de como ela o obriga a colocar os óculos, ou seja, o que você fez comigo. Quando muda as lentes e vê tudo o que não via antes, é incapaz de entender por que as mulheres não estão nas ruas quebrando tudo e decide que alguém tem que levá-las a dar esse passo, e que esse alguém é ele. Então, funda um comando de terrorismo machista de baixa intensidade para empurrá-las contra a parede e consegue que se organizem paramilitarmente e multipliquem suas conquistas. Mas então entende que cometeu o *mansplaining* definitivo, porque quem é ele para dizer a elas como têm de lutar suas lutas? Faça o que fizer, sempre será o inimigo, por isso a única coisa que pode fazer pela causa é imolar-se, oferecer a sua cabeça, que eu gostaria que acabasse, literalmente, cravada numa estaca. O que você acha?

Festejei seu projeto como se fosse a descoberta da vacina contra o câncer: era óbvio que nos curaria de algo. A partir de então, teclamos lado a lado, o ruído que fazemos ao pensar se conecta e parecemos felizes. À noite, lemos um para o outro o que escrevemos e ele me pede conselho para as suas cenas: que teórica você citaria aqui?, como era mesmo aquilo que me explicou sobre as contradições entre a teoria e o desejo? Iván me põe na boca de sua personagem feminina e gosto de me escutar através dela, de me ver caricaturada num texto, como se meu fetichismo pelo ficcional assim se saciasse completamente.

O único ponto negativo do nosso sistema de escrita simultânea é que avançamos a mil palavras por dia e isso significa que estou chegando perto do osso. Não estou fazendo literatura, mas maratonas de psicanálise e de espiritismo. Comecei a me referir às pessoas *de verdade* pelos apelidos que lhes dou no romance e a experimentar os episódios que reelaboro como coisas que tivessem acabado de acontecer, assim termina outubro e, em menos de um mês, vivi um divórcio, seis términos com o mesmo cara com quem reescrevi *Trainspotting*, o diagnóstico de câncer terminal da minha tia, o suicídio de Gari, duas emergências psiquiátricas, o acidente de Zuriñe, a primeira página do *El País* na qual deparei com a foto da ficha policial de Miren... Só me falta a cena-chave, a única que tenho que lembrar porque está sempre à mão, como meu nome ou meu número do RG, e a única que não me atrevo a utilizar por medo de que o dano se repita como farsa.

À medida que me aproximo do desenlace, os problemas éticos se fazem mais e mais presentes. Não tenho direito de utilizar a experiência de terceiros para dar sentido à minha própria, mas me parece impossível traçar a linha que me separa dos demais; sou todos os que me contaminaram; sou feita de empréstimos e de furtos e avanço por um beco sem saída, querendo redimir minha culpa através de um processo que a renova. Deveria parar, mas não paro. Prefiro me recriar em *loopings* de trauma e de flagelação a enfrentar a agência de emprego do Inem,[44] e prefiro falar com os mortos a falar com os vivos. Então, continuo escrevendo até a colisão frontal, contando a um leitor imaginário o que não tenho o direito de compartilhar com ninguém. Apenas me ampara um código que consiste em ser honesta em tudo o que me diz respeito e em omitir ou ofuscar os fatos que eu não tenha permissão para compartilhar. Escrevo três versões desta história antes de chegar à definitiva, a que conta a verdade sobre o que fiz e mente sobre todo o resto. Eu a leio para Iván em voz alta, com a boca

---

44 Instituto Nacional de Empleo, atual Servicio Público de Empleo Estatal (Sepe).

seca e com o arfar dos fumantes sedentários entre uma vírgula e outra. Diz assim:

Lembro o lugar exato onde estava na primeira vez em que lembrei, junto ao estuário, perto da ponte de San Antón. O bar ainda existe, mas teve muitos nomes e há muito tempo não tem as paredes recobertas com retratos de presos que te observam de todos os ângulos, em preto e branco ou em cores, mas sempre muito jovens, demasiado jovens para a madeira de caixão que emoldura suas carinhas, muito mesmo, e demasiados para uma espelunca de 12 metros quadrados que os amontoa como num álbum de formatura, diz Natalia, ou como no jogo Cara a Cara, diz Ine, ou como se amontoam as fotografias de batizados, comunhões e casamentos na sala dos meus vizinhos, naquele cômodo enorme no qual não nos deixavam entrar porque a mãe de Garazi achava perigoso, mas o que uma sala de avós teria de perigoso? Vejo Mari Luz — tão dona de casa que estava sempre em casa e que, por isso, é minha segunda mãe — nos afugentando com um pano de prato fedorento, e aos berros dizendo que há um espelho muito grande e pesado que se cair em cima da gente nos esmaga, que devemos ver televisão no nosso quarto, brincar nos corredores ou no quintal ou em nosso castelo mental de fantasia, porra, que levamos quarenta minutos para comer. E gostávamos de deixá-la brava, mas sempre obedecíamos, então como posso me lembrar da decoração daquele cômodo em que nunca estive?

Minha primeira pastilha me acertou com a força de um projetor travado, que desacelera imagens em movimento, e afloram meus músculos e a mandíbula e os medos. Me recostei nos encarcerados nos anos noventa, quinas entre as omoplatas, uma bola de papel assobiando em meu ouvido, não esmaga meu pai, sua puta! Sorri com os olhos fechados e me senti efervescente, invulnerável, capaz de pegar o bumerangue do qual passei uma década me esquivando porque nunca ia doer tão pouco como naquele momento.

E não foi como contei. Nem como se contaria com frases feitas. Nenhuma memória me assaltou nem me atracou nem me apontou uma arma. Lembrar é como ver um filme ou como quando te contam a sinopse de um filme que você viu há muito tempo, e não houve nem imagens nem relatos. Como um programa que se instala num piscar de olhos, uma mensagem que você move da caixa de *spam* para a caixa de entrada e que você se arrepende de ter aberto tarde demais, quando já contaminou todos os arquivos do seu disco rígido e não adianta mais movê-la de volta para a sua caixa de origem.

Não foi como contei, pois eu era muito pequena para entender o que estava vendo e não assimilei até então, porque assim que soube, soube de tudo: o cuidado com que fechei a porta da sala para que não me ouvissem; a moderação com que me despedi de Mari Luz e com que lhe disse a verdade, que dormi vendo *Toy Story*, e a mentira, que Garazi ainda estava fazendo a sesta e que eu não tinha visto seu pai novamente desde que ligara o VHS; e que alívio ao cruzar a porta e me refugiar na minha própria casa, um alívio de fugitiva que se esquivou da polícia e não de quem se livrou de algo ruim.

Antes de nunca mais pensar no que tinha visto, eu o seccionei como quem amplia uma imagem até que se veja somente um detalhe, e fiquei com o recorte de um pescoço de menina envolto por dois dedos de adulto, uma língua lambendo um queixo, e os lábios inferiores de uma boca que, sem dúvida, esboçava um sorriso. Garazi gostava do que estavam fazendo com ela e eu guardava seu segredo como uma boa amiga. Garazi era uma imunda e todos pensariam que eu também era se a dedurasse. Aquilo era um crime, mas eu morreria de vergonha se me obrigassem a dizê-lo em voz alta na frente da minha mãe, na frente do psicólogo, na frente do advogado, na frente do juiz... Eu já conhecia os agentes do processo e já conhecia a mim mesma: à primeira pergunta direta eu recuaria para agradar, ou encolheria os ombros e murmuraria um vocábulo confuso, nem que sim nem que não, para que o interessado interpretasse a seu gosto e reformulasse a pergunta dirigindo-a a mim, tornando-a fácil: concordar é fácil. Tinham se passado três anos desde o processo de custódia no qual cedi aos caprichos do meu biopai, mas continuava sendo a mesma que a salvo em seu quarto planejava discursos inflamados contra a justiça patriarcal — como é isso de um homem nunca perder os direitos sobre a sua prole?, como é possível que se considere «pai» quem nunca esteve presente? — e, em seguida, ao vivo e em público, só vomitava cortesias. Não aprendi a assertividade até que as mulheres me expulsassem do seu templo e depois, naquela época, tínhamos nos mudado de bairro, e entre o conservatório e a dança não tinha tardes livres para ficar com a minha antiga vizinha com quem, sejamos claros, nunca fui com a cara, mamãe, e agora sai com as de Carmen e usa sapatos de matar barata no canto da parede.

Mari Luz continuou me dando parabéns no meu aniversário até que completei dezoito anos. Soube que se divorciou e fiquei feliz por ela, porque sim, porque todos os maridos dessa geração em que as mulheres ficavam em casa limpando o chão são um lixo, porque a monogamia é um lixo, sei lá. Gosto daquele experimento que fazem com doentes de amnésia anterógrada, a que apaga a memória de curto prazo, no qual o psiquiatra pede ao paciente que saia do consultório e que entre novamente. Ao fazê-lo, não recorda o motivo pelo qual se levantou, mas sem mentir, seguro de suas palavras, responde à pergunta do médico: estava com fome, estava com sede, precisava esticar as pernas... Assim explico para mim, às vezes, o passado, a facilidade com que bani um evento que me parecia incômodo e consegui que ficasse imóvel, que não voltasse nem se tornasse evidente nos sintomas. Porque sempre há sintomas.

Mãe, lembra aquele Dia de Reis quando dei pontapés na árvore de Natal? Lembra como começou a briga? Me deixa refrescar a sua memória. Irune e Pedro desembrulharam os presentes e a menina ganhou uma fantasia da Malú[45] e o menino uma de Buzz Lightyear?[46] Sim, a discussão foi sobre sexismo, e acabou com a minha retórica adolescente de «eu não quero comemorar o Natal e muito menos o Dia de Reis porque no meu país se comemora o Olentzero,[47] unionistas de merda», mas antes de chegar ao paroxismo e antes mesmo que minha pobre prima se frustrasse porque a princesa dela não vinha com arco e flecha, eu já tremia de raiva. Durante anos, o merchandising de *Toy Story* funcionou para mim como um gatilho de testosterona, de agressividade imediata, a droga do soldado universal, e eu atribuía a origem da minha fobia àquela briga, mas a origem foi outra. Agora sei que eu odiava o filme porque ficou associado a Garazi, à tarde em que o vimos juntas e na qual vi o que não devia. Se eu não tivesse adormecido, se aquela estupidez sobre bonecos falantes tivesse me fisgado, não teria acontecido o que aconteceu, isto é, não teria acontecido comigo porque com ela continuará a acontecer indefinidamente, suponho, mas você já me conhece, só enxergo a minha culpa, a minha merda, o meu dilema... O que posso te contar que você já não saiba, uma vez que me pariu?

Considerando que tudo o que minha mãe diz ou faz me incomoda via de regra, sua forma de processar minha revelação me incomodou mais do que o normal. Me indignou que ficasse um pouco surpresa, que também se deixasse afetar só um pouco, e que todos

---

45 Cantora espanhola.
46 Personagem de *Toy Story*.
47 Personagem mítico do Natal basco. Olentzero é um carvoeiro que leva os presentes às casas no Natal.

os seus esforços tenham se voltado para me consolar: o que você poderia fazer, querida, se vocês eram apenas crianças? Entretanto, termino de ler a minha confissão e compreendo que a única coisa que espero de Iván é que faça justamente isto, que fique do meu lado ainda que nem eu mesma esteja do meu lado. Infelizmente, as coisas não saem como eu esperava. Bebeu um pouco e se deixa levar pela veemência e por essa voz de homem que funciona como um software e me programa para o papel da mulher na tragédia heterossexual: antes que diga algo, já estou chorando.

— Você passa um mês chorando, se flagelando por ser injusta com a sua mãe enquanto se esconde dela, revivendo o que já não tem solução, e agora diz que essa é a origem de todos os seus males, mas nem te passou pela cabeça procurar Garazi, olhar em seus olhos e lhe dizer que sente muito, imagina, é muito mais fácil pegar o bonde da literatura chorona e escrever que sofre, sofre, sofre, sofre e que olha, olha, olha, eu também vi coisas horríveis, mais horríveis do que você, e as recortei e colei num álbum e quero que me aplaudam por isso.

Iván não gosta da literatura vivencial. Eu não gosto do que ele me diz. Vou chegar a um acordo com ele até o ponto de escrever estas páginas para impugnar as anteriores, mas aqui e agora sinto que levei um soco de direita traiçoeiro, e me deixa aturdida, menos eu do que nunca, ou seja, sem saber o que dizer. Apenas articulo a língua para mandá-lo embora e ele me diz que já estava indo e sai com a roupa do corpo e batendo a porta no meio da noite. Não é a primeira vez que faz isso; o teatro está no nosso sangue. Parto do princípio de que voltará rápido, assim que diluir a raiva e o álcool na umidade do passeio à beira-mar, mas não volta e adormeço esperando. Ao acordar, continuo sozinha e estou *bem*. Vou até o terraço e sou capaz de fitar a margem e não pensar em mais nada além da margem. Não sei se é porque Iván não está ou porque vou me purgando daquilo sobre o que escrevo, mas é a primeira vez em meses que tenho o cérebro fresco, sem os programas de alerta sendo executados em segundo plano. Ignoro uma chamada recebida que talvez seja um pedido de desculpa. Deixo que morra e silencio o celular.

Sem que ninguém me interrompa, termino minha primeira versão em poucos dias e me preparo para desfrutar do ócio à minha maneira. Durmo até tarde, limpo a casa, arrumo os armários e, no sótão, encontro um esconderijo de fios e lã do antigo ateliê da confecção do meu avô. Me trazem à memória imagens da minha infância, de quando me escondia embaixo da mesa de padronagem para que as costureiras não beijassem minhas covinhas, e imagens das próprias costureiras, do quão rápido moviam suas mãos como no truque de um ilusionista que bate palmas e transforma um fio em um sutiã. Sei na hora: descobri a terapia ocupacional que me guiará através desta transição para a vida adulta, o placebo com o qual me acostumarei a viver sem estudar.

Aprendo crochê com tutoriais do YouTube, como há anos, quando trabalhava como *au pair* na Inglaterra, aprendi a passar camisas e ternos masculinos. Ponto a ponto, sinto que herdo um saber secreto, um amuleto familiar, mas meu avô nunca teceu com as próprias mãos; ele desenhava e cortava os moldes e suas empregadas se encarregavam do resto dos passos intermediários entre a ideia e o produto. Portanto, o legado que recolho é necessariamente matrilinear: minucioso, sem reconhecimento, e delicado, de aranha ou de abelha. Depois de meses à margem da atualidade, vivo com a televisão sempre ligada, retransmitindo programas de entrevista, e constato que, com meu trabalho no colo, não me indigna tanto essa lengalenga do Podemos sobre a feminização da política. Também é verdade que convém nivelar por baixo, revalorizar o artesanato e rir da arte. Também é verdade que todos nós deveríamos aprender a tecer. Está me ajudando a me distanciar de mim mesma, a embarcar em aventuras paranormais nas quais me olho a partir de fora e o que vejo é surpreendente porque não estou acostumada com meu invólucro. Não conheço bem os seus limites, nem as suas posturas por inércia, nem seu cheiro em repouso e sem camuflagens químicas. De tanto pensar a realidade como discurso e o corpo como argumento que justifica a desigualdade, esqueci que existia. Regresso a ele agora que não deve ser medido com o de Iván nem com nenhum outro.

Sozinha nesta casa, entre quarteirões desertos, a meia hora do centro urbano e sem ao menos sair para a rua, meu estado é mais parecido com o estado natural, anterior à cultura, que os antropólogos estruturalistas apregoam e buscam. Sou assim quando ninguém me observa: meto calças de ciclismo e camisetas térmicas com as quais também durmo, ando descalça, com meias diferentes, meu cabelo desaparece em um laço austero sobre a nuca, não cozinho, o chão fica cheio de calcinhas, só limpo regularmente o banheiro e a cozinha. Não esfolio nem hidrato o rosto e o aspecto da minha pele é o mesmo de antes. Deixo as unhas crescerem e elas se quebram sozinhas, suponho que por falta de ferro. Durmo em posição fetal, nessa posição mais do que em qualquer outra, não pareço um exemplar adulto da minha espécie. Estou assexuada, como um menino. Um menino selvagem. Mas que sangra.

Meu corpo reinicia a rotina que tem repetido desde que fiz onze anos. A primeira vez me surpreendeu durante as férias no vilarejo. Minha mãe não estava e não havia absorventes na casa. Minha avó improvisou com gazes cirúrgicas e me explicou os rudimentos do ciclo menstrual. Entendi que, a partir de então, eu ia sangrar 28 dias por mês, e me agarrei à esperança desses três dias de trégua para conter o choro. Meus conhecimentos sobre a fisiologia reprodutiva não melhoraram muito porque já se sabe que expulso da ordem do presente tudo o que não me agrada. Sempre fui muito distraída e, confirmando a teoria psicanalítica, pode-se acessar meu inconsciente através dos meus esquecimentos: uma coisa de que nunca me lembro é a data da minha última menstruação. Quando estou a ponto de sangrar, a dor me avisa. Lá vem. Imagino que no meu baixo-ventre se aninha um monstro que permanece adormecido a maior parte do tempo, mas que, às vezes, desperta e começa a arranhar as paredes da sua prisão. Acalma-se com ibuprofeno e com vinho tinto, mas não me restam reservas de nenhuma das duas coisas e não tenho forças para caminhar até o supermercado; as cólicas irradiam e chegam às minhas coxas como correntes de anestesia.

Minha primeira menstruação não doeu. Mas depois de alguns dias minha mãe chegou com presentes e comida como para uma festa de aniversário e disse a frase mais terrível: agora você é uma mulher. Se fosse verdade que as cólicas menstruais são psicossomáticas, aquele seria o instante no qual o sintoma foi gestado. Dessa forma, meu útero se contrairia mais do que deveria não apenas porque tenta expulsar o endométrio, mas também o próprio significante que me foi imposto ao sangrar. Mas agora chega. Não quero continuar me revelando. Quero que a dor pare. Entro na internet em busca de algum remédio natural, e os primeiros artigos que encontro me dizem o que já me disseram os ginecologistas meia dúzia de vezes: o que acontece comigo é *normal*, ou seja, frequente, e se alivia tomando anticoncepcionais hormonais. Foi o que fiz entre os 16 e os 22 anos. Não resisti à medicalização porque soava lógico que ser mulher era algo de que tinham que me curar, e como às vezes sinto falta daquele organismo sintético de humor estável e seios inchados, mas por mais que estejamos neste mundo para nos desdizer, algumas decisões devem ser férreas. Faltei com a minha palavra de não voltar ao paradigma heterossexual — e colhi a esquizofrenia sobre a qual me advertiram —, mas os outros dois compromissos que assumi durante a minha imersão nos estudos de gênero se mantêm. Não financio o setor da carne e não consumo estrogênios de laboratório. Deem-me outra solução, amigas, irmãs. Agora sou uma de vocês.

Após os artigos patrocinados pelas farmacêuticas, nos abismos do SEO,[48] timidamente, a insubmissão abre caminho. Me livro de todos os meus preconceitos e acesso um carnaval às margens do discurso sancionado pela ciência, de doulas, sexólogas e bruxas que regam a horta com sangue menstrual, um fertilizante perfeito por seu alto teor de nitrogênio e hidrogênio. Aparentemente, também contém células-tronco, e saltam anúncios de empresas especializadas no seu armazenamento, e receitas para fabricar máscaras faciais e capilares. «Ressignificação», «revalorização» e «desestigmatização» repetem-se com uma sonoridade monstruosa mas convincente, como um feitiço que me arrasta de link em link até que aterrisso no site de Erika Irusta. Me dá as boas-vindas com contundência:

Você não está louca, você é cíclica.

E ser cíclica nesta sociedade dói.

No entanto, a menstruação não é o problema.

Você não é o problema.

O problema é quem menstrua nesta sociedade.

Vivemos na periferia do nosso corpo.

Mas isto acaba aqui e agora.

Irusta diz que pode me ajudar, mas que tenho de começar pelo princípio, pela lição de anatomia. Vi como é meu corpo por fora. Agora vou me reconhecer por dentro. O pouco que sei sobre o invisível foram as drogas que me ensinaram. Sei que o meu corpo esconde um laboratório ilegal de anfetaminas, opiáceos e adrenalínicos. Aprendo agora que ele os distribui em função de um

---

48 Abreviação de «Search Engine Optimization» ou «otimização de mecanismos de busca».

calendário próprio. Ele se encarrega das contas. Estamos em 5 de outubro, mas o mês começa aqui, com estas gotas de sangue que arranham e erigem o primeiro degrau de uma escadaria ascendente. É a fase folicular. Nos próximos dez dias, meus níveis de estrogênio se elevarão pouco a pouco, arrastando consigo um hormônio que eu não sabia que tinha porque é o que define a minha antítese, mas cujos efeitos conheço graças a Beatriz Preciado: a testosterona é biococaína. Atingirá o pico mais alto nos dias anteriores à ovulação e, depois dela, vou iniciar a descida. A fase lútea que acaba com a menstruação é marcada pela progesterona, cujos efeitos são muito diferentes, de *coffee shop*, de pílula para dormir depois do *after*. Meu ciclo é uma extrapolação das farras de meus vinte e poucos anos. E faz todo o sentido do mundo que seja assim.

Ainda não encontrei alívio para as minhas cólicas, mas faz uma hora que não penso nelas. É como se a dor, que se sabe muito pensada, retrocedesse diante de toda essa informação que eu insistia em ignorar, ou como se tivesse existido apenas para chamar a minha atenção sobre o que eu ignorava. Parece que o muco esbranquiçado que às vezes suja as minhas coxas se chama muco cervical, que a minha temperatura sobe meio grau depois da ovulação, que as mudanças de humor existem e que as piadas misóginas estão erradas: não estamos menstruadas; estamos fartas de tanto imbecil, mas se os nossos hormônios tivessem a ver com a nossa irritação, também não seria por causa da menstruação, mas sim pela síndrome que a precede e ela é fruto da interação entre a progesterona e o cortisol, fruto dos trabalhos que temos de aceitar para que o imposto pago como trabalhador autônomo compense, fruto de não saber com quem deixamos nossos filhos enquanto cuidamos de nossos doentes, de antecipar os desejos dos outros, de sorrir sem trégua, de não ter trégua. Enrubesço com essa passagem do «eu» para «todas nós» com que me aproprio das cargas da minha mãe, mas é o começo de algo novo. Derrubei o muro cartesiano, a barra oblíqua do binário corpo e mente. Aceito a minha pele, e aceito a sua luta.

Quando entro no Twitter para satisfazer minhas necessidades diárias de socialização, descubro que as tendências mudaram. Em meados de outubro, com Puigdemont[49] recém-fugido para a Bélgica, parecia impossível que algo competisse em interesse midiático com a grande tragédia territorial, mas as brigadas feministas conseguem subir no pódio dos *trending topics* e descubro que seus gritos contra a última coluna de Javier Marías[50] chamam mais a minha atenção do que os gritos pela independência, mais do que os ecos do passado de Euskadi no presente da Catalunha e muito mais do que qualquer um dos temas que aparecem no romance de tema basco que acabo de publicar e com o qual não me identifico de jeito nenhum. Não sei se as pátrias deixaram de me interessar ou se mudei de pátria, mas sei que nunca havia estado tão perto da origem dos incêndios. Minha atualidade não se decide a mil tuítes de distância, mas nasce nos *feeds* de jornalistas e de escritoras que admiro. A poeta María Sánchez, por exemplo, viralizou a *hashtag* #HayMujeresColumnistas para denunciar um congresso de jornalismo de opinião em cujo cartel figuram apenas homens, alguns deles amigos seus que se ofendem quando ela apoia uma campanha que aponta o dedo contra eles.

---

49 Carles Puigdemont i Casamajó, político e jornalista espanhol, deputado do Parlamento europeu e presidente da Generalidade da Catalunha. Organizou um referendo à revelia do governo central e declarou independência da Catalunha de forma unilateral em 2017. Ameaçado de prisão, refugiou-se na Bélgica.

50 Javier Marías Franco é um escritor, tradutor e editor espanhol, membro da Real Academia Espanhola. A passagem provavelmente se refere a um de seus artigos polêmicos em que critica o feminismo e o movimento #MeToo.

Por acaso você não assistiu a congressos nos quais a lista de participantes femininas era irrisória?

Por que não os denunciou na época?

Por que aceitou ir?

Depois de escrever as minhas confissões, eu achava que já não me restava nada de substancial para recordar, mas continuo resgatando cenas que se conservaram virgens, sem análise recente, como aquela primeira entrevista que fizeram comigo aos dezenove anos e que foi publicada num jornal importante com todo tipo de detalhes embaraçosos sobre a minha vida pessoal, ou o apresentador que me introduziu numa mesa-redonda fazendo piadas sobre as minhas pernas. No dia seguinte, recusei um convite do departamento de Igualdade do Município para participar de um colóquio sobre o machismo no mundo literário. Foi uma das poucas vezes que a indignação se impôs à minha necessidade de ser amável a todo custo, e me expressei de forma categórica contra aqueles concílios de vitimização. Eu não havia sofrido nenhum tipo de tratamento discriminatório pelo meu diagnóstico de gênero. No máximo, tinha me beneficiado dele, pois será que eu teria publicado tão rápido se não fosse uma mulher jovem razoavelmente atraente? Tinha certeza que não. Minha opinião sobre as quotas sempre foi bastante superficial, até que as polêmicas virtuais me fizeram analisar a questão com a minúcia de quem não tem outra coisa para fazer. Antes eu achava que não se pode forçar a história. Que a história tem que ser entendida, e se se entende, é lógico que haja menos escritoras do que escritores, porque não somos educadas para buscar a tribuna pública, nem para ascender a cotoveladas. Qualquer estatística que não ilustre a realidade é uma estatística que renuncia à meritocracia.

Meritoquê?

Demorei dez anos de leituras, e festas, e conversas com as melhores mentes da minha época para entender que o avatar de homem é a nova roupa do imperador, ou a plumagem dos pavões: gestos adquiridos percebidos como talento e que, na falta deste, o substituem. Meu próprio e escassíssimo cachê como mulher que escreve desmoronou desde que deixei de escrever como os meninos: com vozes falsamente neutras, com personagens que andam na ponta dos pés em seu gênero e se irmanam a partir da superviolência e das parafilias. Isso é o que os editores que não publicam mulheres querem que nós mulheres escrevamos. Os editores que não publicam mulheres andam loucos para publicar mulheres que escrevam de uma determinada maneira, para corroborar que a subjetividade masculina é a subjetividade universal. Seus autores podem ser sentimentais e intimistas, mas suas autoras sempre estarão estagnadas na impostura do masculino.

Já não me surpreende que a luta contra o terrorismo se fixe tanto nas redes sociais; as redes radicalizam como uma visão do inferno, como o pentotal sódico ou como a telepatia, que é o superpoder que mais destrói os super-heróis porque ninguém suporta a crueza de um monólogo interior, o que o seu vizinho pensa de você, o que o seu país pensa dos imigrantes, o que os homens pensam das mulheres... No dia em que começa o julgamento contra La Manada faço crochê em frente à televisão até que brote um calo no dedo com que manejo as agulhas. Então, substituo o *work-in-progress* de uma boina pelo smartphone, e, quando me dou conta, passei três horas lendo os mil e poucos comentários que o resumo do caso suscitou num jornal on-line. Já não lembrava os detalhes, nem que me causara particular desgosto quando aconteceu, mas agora que é coerente com a minha fixação temática, agora que me deixo interpelar, penetro no corpo jurídico da promotoria e peço pena máxima para os cinco filhos da puta que estupraram uma moça de dezoito anos e gravaram a agressão para se gabar em seu grupo de WhatsApp. Os fatos aconteceram nas Festas de São Firmino de 2016, na madrugada de 7 de julho, quando a vítima se afastava da área de festas, voltando para o carro. Os acusados se ofereceram para acompanhá-la e, no caminho, cruzaram um portão. Pensando que a estavam convidando para fumar um baseado, a moça entrou voluntariamente com eles e foi encurralada num canto no qual, sem dizer uma palavra, tiraram seu sutiã e colocaram o pau na sua boca. O mais inacreditável do caso é que tanto a acusação como a defesa apresentaram os vídeos como prova. Onde alguns veem uma adolescente em estado de choque, outros veem consentimento, porque ela não oferece resistência, nem chora, não diz nem faz nada. Está com os olhos fechados e se comporta como se não estivesse ali, dissociando.

Parece mentira, mas o corpo de uma adolescente penetrada oral, vaginal ou analmente por cinco desconhecidos constitui um desses signos que representam um valor e seu contrário, como a palavra grega *pharmakon*, veneno e antídoto; como as anfetaminas, Adderall e *speed*, ou como o *homo sacer*, sagrado e execrável, nem vivo nem morto. Se pudesse me distanciar, se entrasse no plano das reflexões sem afetos ao qual me transportam meus rosários de pontos de crochê, tentaria lembrar se foi Derrida ou Agamben quem definiu esses significantes de polissemia contraditória como marcadores de instabilidade sistêmica, as fendas pelas quais as civilizações racham. Se me cindisse em narradora de mim mesma e suspendesse a cena com uma análise, sustentaria que a cultura do estupro é para o patriarcado o que o tráfico de drogas ilegais é para o capitalismo: a mancha de sol que se transformará em câncer de pele. E brincaria de fazer observações originais, como a de que a cisão entre mente e corpo explica a fantasia de controle que permite que a vítima de um *gang-rape* sobreviva ao trauma e a fantasia sexual que os estupradores satisfazem com ela, reduzindo-a a objeto que existe para ser usado.

Fora do texto penso em muitas coisas, mas no presente virtual pelo qual esta linha me arrasta, as piruetas intelectuais não têm cabimento. Sou toda incredulidade e náusea; não quero continuar lendo, mas não posso parar de ler. Sou o europeu padrão diante da televisão no 11 de Setembro, uma espectadora profissional que confunde o terror com os filmes de terror, e nos filmes de terror o medo faz parte do espetáculo. Portanto, continuo lendo comentários nos quais a massa cibernética coloca em dúvida o testemunho da vítima das Festas de São Firmino e o das vítimas de estupro em geral, respaldando seus argumentos com uma infinidade de ligações com um mesmo caso de falsa denúncia; comentários nos quais prosperam as teorias mais inverossímeis — está claro que ela queria ficar com todos, mas 1) ficou sabendo dos vídeos e, antes que fossem divulgados, denunciou para não pensarem que era uma vagabunda, 2) se sentiu desprezada porque a largaram jogada no portão sem se despedir, 3) as mulheres fazem essas coisas para chamar atenção —; comentários que parecem advertências — se não dizem que não, é consentido —; comentários disparados em maiúsculas — PORQUE SE AGORA PODEM TE ACUSAR DE ESTUPRO MESMO QUE NÃO TENHAM DITO QUE NÃO, EM QUE SITUAÇÃO FICAMOS? — semeando a dúvida sobre a inocência do emissor — COMO VOU SABER SE ESTOU COMETENDO UM ESTUPRO? — e comentários que rompem com a hegemonia — se estiver na dúvida, não transe — e me lembram que não estou sozinha diante do espetáculo.

A radiografia sociológica que descrevi repete-se em cada fórum de discussão dos principais meios digitais, nos programas de entrevista na TV, e também no Twitter e no Facebook, embora os grupos mais seletivos das redes ofereçam uma representação equilibrada das duas posturas em conflito: a que não concebe o consentimento da moça e a que não encontra indícios do contrário, a que vê tortura e a que vê vídeo pornô, a que distingue a realidade da fantasia, e a que vê somente pornô. «Cultura do estupro» é a análise e o veredicto que mais se repetem entre as feministas, mas eu, pouco acostumada a manejar o conceito — reflexo dos preconceitos que ainda me inspira o feminismo abolicionista dos anos setenta, mesmo que tal fobia esteja com os dias contados —, descrevo a paisagem com as ferramentas do meu ofício e proclamo a derrota do literário. O leitor morreu. Uma das réplicas que mais me impactam é a de um antigo professor de escola — um desses amáveis usuários que postam fotografias de seus filhos, e frases de superação e de esperança e haikus — que entende a minha posição, diz, mas é que receio que a senhora não conheça os adolescentes de hoje em dia; posso lhe dizer que não são como os de antigamente, e essas práticas que nos parecem asquerosas fazem parte do repertório habitual dos jovens, que seguem a moda que veem na internet. Não é o único que me acusa de ter preconceito contra os agressores por hipocrisia — o fato de você não gostar de orgias, nem de penetração dupla, nem de praticar beijos gregos ou garganta profunda não significa que não tem mulher que goste, certo? —, mas me impressiona a facilidade com que um educador descarta a possibilidade da empatia.

A falha do sistema que está se revelando é um fracasso da imaginação. Muitos homens (e várias mulheres) mostram-se incapazes de incorporar a alteridade mais sutil. Não são filósofos relativistas do tipo que questiona o caráter transcultural dos direitos humanos; não negam que sua experiência como ocidentais possa ser extrapolável à das africanas que defendem a mutilação genital, nada disso. O salto que lhes parece impossível é o que os separa de uma estudante universitária da Carlos III. E, sendo a maioria de madrilenhos e instruídos, a alteridade está apenas no fato de que ela é jovem e, acima de tudo, mulher. No meu egocentrismo teórico, nunca concebi que, enquanto replicava a filogenia do feminismo na minha ontogenia, passando por todas as opções desde a alienação até o futurismo pós-gênero e dali, lentamente, de volta ao corpo, lá fora, longe do campus, eu cristalizava a diferença mais radical, a que permite que o torturador torture e que o escravagista escravize e que os homens se questionem se uma garota sodomizada à força grita de prazer ou de dor.

Não faças com o próximo o que não queres que façam contigo, a não ser que o próximo seja ela; afinal, quem sabe o que querem as mulheres?

Me vem à mente o conto arturiano que aparece em *Os contos de Canterbury* sobre «um cavalheiro jovem e alegre» que um dia montado em seu cavalo «deparou por acaso com uma donzela que andava sem companhia e, apesar de ter se defendido como pôde, ele lhe arrebatou a virgindade à força». A «violação causou um grande rebuliço», e chegaram muitas petições de justiça ao rei, que, finalmente, colocou o destino do cavalheiro nas mãos de sua esposa. A rainha decidiu que pouparia sua vida, se ao cabo de um ano regressasse à corte com a resposta à pergunta de todas as perguntas: «O que as mulheres desejam com mais veemência?». O cavalheiro percorreu o reino, visitando todos os lugares onde acreditava que poderiam ajudá-lo, e só obteve opiniões contraditórias: ora dinheiro, ora galanteios, ora honra, mas, quando terminou o prazo que lhe fora concedido, encontrou-se com uma velha bruxa que em troca de que o cavalheiro, com infinito asco, se casasse com ela, resolveu-lhe o enigma: as mulheres desejam exercer autoridade sobre seus maridos e amantes, ter poder sobre eles. A rainha achou válida a resposta e talvez fosse assim no século XIV, mas duvido que as coisas sejam tão fáceis agora que a opressão é invisível. O debate sobre o consentimento está questionando o «não é não» que nos constrói como sujeitos que permitem a penetração em vez de desejá-la, mas, muitas vezes, o normativo e o identitário convergem. *Every woman adores a fascist, the boot in the face*, a submissão no sangue porque o gênero provém de um sistema de controle panóptico, porque somos esse controle. Nada me assusta mais do que a genealogia das minhas práticas sexuais, a origem dos gestos que me excitam — a mão de um homem apertando meu pescoço, minha mão apertando o pescoço de uma mulher —, e este nem é o momento de enunciá-lo. Tudo o que dissermos será usado contra nós para semear a dúvida se a vítima de um estupro coletivo pode ter sentido prazer e, além disso, não creio que o desejo possa ser canalizado a partir do discurso. No entanto, à noite, quando me deito com o computador junto ao travesseiro e abro o XVideos, a pré-visualização dos hits de buscas me tira a vontade de me tocar. *Gang-bang rape* é a *hashtag* mais popular do dia.

Enquanto duram as audiências, o julgamento contra La Manada continua abalando os fundamentos mais atávicos da psiquê coletiva e eu, junto ao sismógrafo, registro cada ocorrência. Sigo a cobertura midiática desde os programas matinais de entrevistas até os telejornais noturnos, leio os artigos de opinião publicados por feministas sem pedigree acadêmico, que sempre ignorei, acolho ideias, rebato ideias, matizo ideias e, com cada nova síntese, atualizo o código com que tento decifrar o ruído. Os ajustes reduzem as interferências até que alcanço uma noção precisa da toxicidade na qual meus pés afundam, e uma fé messiânica no protocolo de desinfecção a seguir. É como se todo o lixo disperso se unisse em torno do mesmo eixo e todas as lutas se transformassem na mesma luta. É o de sempre que se torna novo, aprimorado pela peça que me faltava. Parece que o estupro não era a consequência, mas a própria origem do patriarcado, a ameaça que nos constitui mulheres, ou seja, corpos a serem explorados.

Encontro o primeiro indício no depoimento de uma vítima do tráfico que descreve o sistema utilizado pelos cafetões nas zonas rurais da Romênia. Como sofrem a rejeição da comunidade, as vítimas de violências sexuais são particularmente suscetíveis ao aliciamento e, por isso, as próprias máfias que em seguida as prostituem são as que estupram as adolescentes. O mecanismo é tão eficaz que tem de existir em larga escala, executado por agentes que ignoram o plano maior como os consumidores egoístas do *laissez faire*; milhões de crimes sexuais a serviço de uma mão invisível que nos faz baixar a cabeça. Imediatamente encontro as fontes que confirmam minha intuição. Rita Laura Segato, que entrevistou uma infinidade de estupradores presos no Brasil, relata «a perplexidade» que se repete nos depoimentos desses homens. Quando reelaboram seus crimes, não são capazes de entender a força que os impeliu a cometê-los. Muitos confessam que nem mesmo se sentiam atraídos por suas vítimas. Guiava-os uma motivação que não é instrumental no sentido de que não ganhavam nada para si mesmos, mas sim para os seus. São os servos do Estado Fálico.

Penso nos atentados que temos sofrido na Europa, na insistência com que as autoridades têm nos pressionado para seguirmos adiante com nossa vida, porque se deixamos o medo limitar nossa liberdade, os terroristas ganham, e logo penso nas campanhas de prevenção com que essas mesmas autoridades passam décadas bombardeando as mulheres. A mais recente, dirigida às menores de idade, relacionava o consumo de álcool e de drogas ao risco de sofrer violência sexual. Da jihad o Estado nos protege, mas de seus filhos temos que nos proteger nós mesmas. Quando estava trabalhando na tese, analisei uma série de vídeos do Estado Islâmico que imitavam as aberturas de séries americanas e espetacularizavam a violência com estratégias semelhantes às dos filmes de terror. Não reparei que os filmes de terror havia décadas funcionavam como propaganda do patriarcado, de *Psicose* a *Sexta-feira 13*, perseguindo loiras virginais com facas e serras elétricas, estuprando-as em passagens subterrâneas e becos escuros, propagando o medo. Das muitas frentes históricas do feminismo, a das violências sexuais nunca me pareceu prioritária, apesar de atravessar quase todos os episódios que reuni no meu pequeno romance confessional sob o rótulo da culpa. Das muitas instituições que interpretei mal ou que descrevi de olhos vendados, nenhuma comprometeu minha inteligência tanto quanto o estupro. Meus grandes hits a respeito contêm fragmentos de sabedoria como os seguintes: «O único motivo pelo qual uma violência sexual é mais dolorosa do que um roubo com violência é o significado cultural de desonra que lhe damos», «No México, as vítimas não se envergonham de ser vítimas e a experiência é menos traumática», «Parece-me que é um crime que se castiga com penas excessivas», «O final do romance é brilhante, adoro a cena em que o protagonista acompanha a moça ao baile de máscaras e se oferece para ser seu namorado para expiar simbolicamente sua culpa por ter participado do estupro», «Quando eu morava em Granada, um homem tentou me estuprar, porque eu merecia isso, por justiça poética» e «A minha melhor amiga de infância foi estuprada por seu pai porque eu não fiz nada para evitar».

A enumeração revela a lógica com que tentei me narrar. Sou a vítima perversa do sistema, a que carrega os mortos dos outros para satisfazer suas fantasias masoquistas e se confessa mais culpada do que os culpados. Vejo tão claro agora que parece mentira que tenha cometido esse erro por duzentas páginas, embora eu não seja a única. Por mais que meu solipsismo o irritasse, Iván também não entendeu o seu alcance, o que significa uma história de violência estrutural narrada como um drama privado, em círculos concêntricos que começam e acabam na mesma pessoa. Tinha razão em algumas coisas, é verdade. Eu não devia ter escrito sobre Garazi em vez de escrever para ela. Mas o que mais me dói é não ter dedicado uma única página a quem lhe fez mal. Nem sequer lembro o nome do seu pai. Deveria averiguá-lo e dedicar-lhe minha obra-prima, um livro de sortilégios e maldições, de rimas fáceis, para que as crianças o insultem enquanto pulam corda, e milhares de minicontos nos quais ele morre milhares de mortes distintas, ressuscitando para uma nova agonia como nos videogames e nos castigos mitológicos. Assim se faz justiça a partir da ficção. A partir do ensaio aponta-se mais longe, para além dos nomes próprios, e a partir do biográfico começo a pensar que não se pode fazer muito mais além de constatar o equívoco, o absurdo de ter tentado ser cadáver e médico-legista ao mesmo tempo.

Em todo caso, gosto dos livros escritos para se retratar. Tenho sobre os joelhos o estudo pioneiro de Susan Brownmiller sobre violência sexual, *Against Our Will*, cujo prólogo termina com a seguinte frase: «*I wrote this book because I am a woman who changed her mind about rape*».[51] Eu mesma a teria formulado se não fosse pelo fato de ter mudado de opinião a respeito de quase tudo, e apenas vou pegando impulso.

---

51 «Escrevi este livro porque sou uma mulher que mudou de ideia sobre o estupro», em inglês no original.

DAS ANDERE

1. Kurt Wolff *Memórias de um editor*
2. Tomas Tranströmer *Mares do Leste*
3. Alberto Manguel *Com Borges*
4. Jerzy Ficowski *A leitura das cinzas*
5. Paul Valéry *Lições de poética*
6. Joseph Czapski *Proust contra a degradação*
7. Joseph Brodsky *A musa em exílio*
8. Abbas Kiarostami *Nuvens de algodão*
9. Zbigniew Herbert *Um bárbaro no jardim*
10. Wisława Szymborska *Riminhas para crianças grandes*
11. Teresa Cremisi *A Triunfante*
12. Ocean Vuong *Céu noturno crivado de balas*
13. Multatuli *Max Havelaar*
14. Etty Hillesum *Uma vida interrompida*
15. W. L. Tochman *Hoje vamos desenhar a morte*
16. Morten R. Strøksnes *O Livro do Mar*
17. Joseph Brodsky *Poemas de Natal*
18. Anna Bikont e Joanna Szczęsna *Quinquilharias e recordações*
19. Roberto Calasso *A marca do editor*
20. Didier Eribon *Retorno a Reims*
21. Goliarda Sapienza *Ancestral*
22. Rossana Campo *Onde você vai encontrar um outro pai como o meu*
23. Ilaria Gaspari *Lições de felicidade*
24. Elisa Shua Dusapin *Inverno em Sokcho*
25. Erika Fatland *Sovietistão*
26. Danilo Kiš *Homo Poeticus*
27. Yasmina Reza *O deus da carnificina*
28. Davide Enia *Notas para um naufrágio*
29. David Foster Wallace *Um antídoto contra a solidão*
30. Ginevra Lamberti *Por que começo do fim*
31. Géraldine Schwarz *Os amnésicos*
32. Massimo Recalcati *O complexo de Telêmaco*
33. Wisława Szymborska *Correio literário*
34. Francesca Mannocchi *Cada um carregue sua culpa*
35. Emanuele Trevi *Duas vidas*
36. Kim Thúy *Ru*
37. Max Lobe *A Trindade Bantu*
38. W. H. Auden *Aulas sobre Shakespeare*
39. **Aixa de la Cruz Mudar de ideia**

Composto em Lyon Text e GT Walsheim
Belo Horizonte, 2022